Dream,Struggle,Victory

(美)鲁本·冈萨雷斯
凯碧瑞拉·冈萨雷斯——著

赖晓婉——译

积极行动 实现梦想

九州出版社
JIUZHOUPRESS

图书在版编目（CIP）数据

积极行动，实现梦想 /（美）鲁本·冈萨雷斯，（美）凯碧瑞拉·冈萨雷斯著；赖晓婉译. —北京：九州出版社，2019.5

ISBN 978-7-5108-8063-6

Ⅰ.①积… Ⅱ.①鲁… ②凯… ③赖… Ⅲ.①人生哲学—通俗读物 Ⅳ.①B821-49

中国版本图书馆CIP数据核字（2019）第091796号

积极行动　实现梦想

作　　者　[美] 鲁本·冈萨雷斯　凯碧瑞拉·冈萨雷斯　著　赖晓婉　译
出版发行　九州出版社
地　　址　北京市西城区阜外大街甲35号(100037)
发行电话　(010) 68992190/3/5/6
网　　址　www.jiuzhoupress.com
电子信箱　jiuzhou@jiuzhoupress.com
印　　刷　三河市中晟雅豪印务有限公司
开　　本　880毫米×1230毫米　32开
印　　张　7
字　　数　230千字
版　　次　2019年6月第1版
印　　次　2019年6月第1次印刷
书　　号　ISBN 978-7-5108-8063-6
定　　价　28.00元

为梦想奋斗，敢于为生活冒险。

——凯碧瑞拉和鲁本·冈萨雷斯

评价

我每天都告诉人们：胜利需要牺牲。如果你想要更高的成功，应该做一些从来没有做过的事情。《积极行动，实现梦想》都是这样的故事。如果你想迅速获得灵感，一定要阅读这本书。

——大卫·拉姆齐 《纽约时报》畅销书作家和美国电台主持人

《积极行动，实现梦想》中令人震撼的故事，将会激励你制定并达到奥林匹克级别的目标。

——汤姆·霍金斯 《如何掌握销售这门艺术》作者

你有正在努力并希望获得胜利的梦想吗？那么就需要阅读《积极行动，实现梦想》。

——杰弗里·J·福克斯 《如何成为凶狠的竞争者》作者

当你碰见一本像这样的书，像奥运选手鲁本·冈萨雷斯一样经历过奋斗并获得胜利的作者，把他们给你的建议运用到生活中吧。阅读鲁本的书——《积极行动，实现梦想》。

——唐·格林 拿破仑·希尔基金会总经理

鲁本做到了很少人注意的一件事——他意识到了自己的人生目标。现在，他开始教导其他人做同样的事情。在《积极行动，实现梦想》中，有关于决心、承诺和毅力的故事，它们让你看到你如何在人生中取得胜利。购买、阅读并执行这本书中提供的课程吧。

——杰克·堪菲 《成功法则》作者

《积极行动，实现梦想》热情地召唤你开始行动，挑战你成为最好的自己。

——帕特·威廉姆斯

奥兰多魔力队资深副董事长，《领导力优势》作者

这本书会激励你，刺激你，让你浑身不舒服并给你动力去向你的目标奔跑。

——布莱恩·崔西 《价值百万的习惯》作者

这本书会挑战你成为最好的自己。

——乔治·查罗 索迪斯集团董事长

在《积极行动，实现梦想》中的道理，对努力想要达到业绩的销售人员和想要在化学课取得好成绩的高中生同样重要。无论你的目标伟大还是渺小，关于职业生涯还是个人生活，短期还是长期，在这本书中的智慧能够帮助你实现梦想。

——马歇尔·戈德史密斯

*MOJO*和《没有屡试不爽的方法：成功人士如何获得更大成功》作者，被《思想者》杂志誉为全世界50位最有影响力的领导者之一

前言

我遇见过很多人，在我的职业花样滑冰和奥运生涯中，这是我最喜欢的部分。

当我认识一个新朋友时，我经常会被问到这两个问题的其中之一。第一个问题是："你每天训练多少个小时才得到奥运冠军的啊？"第二个问题是："你认为运动员怎么样才能够达标参加奥运会呢？"

这些问题很有价值，也就是这些问题的答案，激励着每个运动员不顾一切地追寻他们的梦想——成为一个奥运选手。

"需要多少个小时的投入？""我怎样才能达到目标？"

每个奥运梦基本上都是这些内容。你觉得呢？这就是为什么这本书吸引人的地方。

凯碧瑞拉·冈萨雷斯迷上了奥运会的瞬间是在 2010 年温哥华冬运会，她父亲当时在参加无舵雪橇男子竞赛。那场比赛激励凯碧瑞拉写一本书，以帮助人们认识到自己的梦想并达到目标。她希望在读者阅读的过程中，能够学会如何像一个奥运选手那样思考和行动。

这是一个远大的目标，特别是对于一个当时九岁的女孩而言。

通过访谈世界各地八十多个奥运选手，她开始为这本书做准备。

面对每个运动员，她都会问三个简单的问题。

“你是怎么培养奥运梦想的呢？”

“你需要面对的最大挑战是什么？”

“当你意识到自己的梦想时，感受是什么？”

这三个都是很好的问题，这些都是运动员的亲身感受。这些答案能够激励每个阅读它们的人。也许人们开始像奥运选手一样思考，也许人们能够更有准备地面对日常生活的挑战。

凯碧瑞拉慎重地访谈了世界各地的奥运选手；有些是奖牌获得者，有些只是参与者。她采访了夏季奥运会和冬季奥运会的运动员。有些是家喻户晓的名字：劳拉·威尔金森（跳水），萨拉·米勒（体操），格雷格·洛加尼斯（跳水），菲尔·梅尔（高山滑雪），吉米·克雷格（冰上曲棍球，1980年的奇迹队），彼得·维德玛（体操）和珍妮特·埃文斯（游泳）。其他人是大部分人都没有听说过的参与者，比如说来自格陵兰岛的越野滑雪运动员和来自圣卢西亚的跳高运动员。凯碧瑞拉甚至还采访了我！

我认识和遇见过很多不如意的人。生活不会一帆风顺，他们也觉得没有如愿以偿。确实，生活对每个人而言都很艰难，所以我们时不时地需要其他人来鼓舞士气。

有时候生活看起来很艰难，只是因为一些挫折出现在了眼前。这个时代的人总是觉得自己应该得到很多权利，但是这些人，大部分都没有意识到只有改变自己才能让生活变得更好。阅读这些运动员为了自己的梦想奋斗和牺牲的事迹，是意识到这一点最好的途径。这本书中被采访的运动员做到了，如果读者应用同样的方法，也可以做到。

这本书会鼓励你奋不顾身地追逐自己的梦想，完成伟大的事业。在阅读《积极行动，实现梦想》后，你会想："既然这些法则适用于这么多奥运选手，那肯定也适用于我。"

这些奥运选手的小故事，会成为你的榜样和导师，教导你如何像赢家一样思考及像冠军一样行动。

《积极行动，实现梦想》与其说是一本关于体育的书，不如说是一本关于人生的书。它汇编了美妙的胜利体验，触动你的心弦；它充满了鼓舞人心的智慧，教导你无论路上有什么障碍，都要相信自己，行动起来，追逐梦想。

无论你正处在怎样的年龄，《积极行动，实现梦想》都能够帮助你培养赢家的态度，达到你所专注的目标。也许是升职，达到销售目标，建立企业，申请大学，在生物课上取得好成绩，或者在人生中找到方向和指导。

我总是回答一个经常被问到的问题："你是怎样赢得奥运金牌的呢？"我告诉他们："这其实很简单，你只需要比你的竞争对手更加努力。"

这本书将会激励你达到一个未曾想过的高度。

希望你喜欢这本书里的故事。也许你会发现自己做了以前想象不到的事情，有一个新的改变。你知道我在为你加油！

——斯考特·汉密尔顿

1984 年奥运会花样滑冰金牌得主

这本书的诞生

我爸爸是个奥运选手和职业演讲者。在我七岁的时候，爸爸就让我参加他为不同群体的演讲。我最喜欢他讲的为自己的梦想奋斗，梦想值得努力这一部分的内容。奋斗确实辛苦，但是当你取得胜利的时候，一切辛苦都是值得的。

故事一再重复。积极行动，实现梦想，一直不变。

无论你的梦想是什么，只要你愿意为之奋斗，并永不放弃，你迟早会达到自己的梦想。

关于小狗的故事

在我六岁的时候，我决定要养一只达克斯猎犬（腊肠犬），那便成了我的梦想。爸爸妈妈说我们的后院对于一只狗来说太小了，所以必须搬到一个更大的家之后才能养狗。在那两年里，我阅读关于抚养和训练狗的书籍，我把各种腊肠犬的照片贴满了我的卧室，我一直在跟爸爸妈妈说养狗的事情。我没有放弃希望，并用尽一切方法来向爸爸妈妈证明我会是一个负责任的狗主人。我去休斯敦腊肠犬展览，认识了腊肠犬繁殖者，了解一切关于照顾腊肠犬的知识。

我保持专注，绝不放弃。

这是奋斗的部分。

但是当我八岁生日的时候，即使我们那时候还没有搬到更大的家，爸爸妈妈说我证明了自己的能力，并同意我可以开始养狗。

胜利！

关于科罗拉多的故事

我出生于得克萨斯州的休斯敦市。休斯敦是一个很大的城市，很热，有很多人，很多蚊子，还整天堵车，我家一直都梦想着搬去科罗拉多州。爸爸和渴望养狗时的我做了同样的事情。他把科罗拉多的照片贴在墙上，时时刻刻在谈论科罗拉多。我们去科罗拉多度假，整天听约翰·丹佛的歌，爸爸甚至把科罗拉多的照片用于他两本书的封底！

这些事他做了很多年。看起来我们这辈子是不会搬去科罗拉多了。这只是奋斗的部分，但是他没有放弃，他保持专注并把希望抓在手上。

2010 年，我们终于搬到了科罗拉多。现在我们住在乡间的一座美丽的房子里，延绵不断的山是我们的后院。

胜利！

关于奥运会的故事

爸爸一共参加了四次奥运会的无舵雪橇项目。爸爸在 1988 年卡尔加里和 1992 年阿尔贝维尔冬奥会比赛时，我还没有出生。他在 2002 年盐湖城冬奥会比赛时，我只有一岁。所以当爸爸告诉我他开始为 2010 年温哥华冬奥会训练时，我非常激动。

在这两年里，我见证了“积极行动，实现梦想”的真正意义是什么。爸爸有一个大梦想，他为这个梦想而努力奋斗。当他胜利时，我们全家能够去温哥华一起为他庆祝。

关于书的故事

在温哥华，我有机会住在奥运村，认识了爸爸所有的参加奥运无舵雪橇项目的朋友们。我甚至还认识了一些单板和双板滑雪运动员。当我问他们，怎么才能成为奥运选手时，他们的故事都非常相似。他们都有一个梦想，也有克服种种困难和障碍，艰苦奋斗的经历。在终于等到奥运会时，就是胜利的开始。

和奥运选手的对话，使我产生写一本书的念头。爸爸是个作家，我也想做一个作家。

爸爸妈妈是我和弟弟的家庭教师，创意写作是我最喜欢的科目之一，我热爱写故事。当我们从温哥华奥运会回到家，我告诉爸爸我想写一本关于奥运故事的书，让大家明白如何为自己的梦想奋斗。

我的梦想是成为作家，写一本属于自己的书。有一天在吃饭的时候，我对爸爸说：“老爸，我不会一直都停留在十岁。我们要开始写这本书啊！”所以我们制定了一个计划，问一百个奥运选手三个简单的问题。

1. 你什么时候开始将成为奥运选手作为梦想？
2. 你在追梦过程中经历过什么奋斗和挑战？
3. 当你达到胜利时的感受是什么？

我们开始给奥运选手们发邮件，问他们这三个问题。慢慢地，回复一个接一个地出现。每个人都经历过奋斗，但是他们抓住希望，保持专注，并不放弃，最终达到了他们的梦想和胜利。

当我们阅读这些故事时，发现他们可以被分为五类：相信你的梦想；提前计划；下定决心；开始行动；不要放弃。所以我们把这本书分成了五个部分，帮助读者一步一步地走向成功。

我希望你喜欢这些故事。他们都有相似之处也有所不同。我希望你在阅读这些故事后，也可以找到追逐自己梦想的勇气。

我会期待你的消息，等你实现梦想和取得胜利的那一天。

追逐你的梦想吧！

凯碧瑞拉·冈萨雷斯

目录

我在滑冰与生活中取得的任何成就都是通过努力与坚持得到的。

——斯科特·汉密尔顿

1980，1984 花样滑冰

第一部分

相信你的梦想

你有看过《冰上奇迹》这部电影吗？这部振奋人心的电影由真人真事改编，它以1980年普莱西德湖城的冬奥会为背景。冰上曲棍球男子决赛的两个队伍中，苏联队被认为世界最强，而美国队由一群仅仅训练六个月的大学生组成。所有人都认为苏联队会获胜，但是最终美国队赢得了奥运史以来最大的胜利。吉米·克莱格是当时美国队的守门员。在苏联队的39次进攻中，他挡住了36个球，确保了美国队4–3获胜。现在，吉米·克莱格是一个职业演讲者。

确信你的梦想是可能的

吉米·克莱格　冰上曲棍球　美国

1980年普莱西德湖城奥运会

我三年级就开始梦想进入奥运国家队，那时我刚刚开始打冰上曲棍球。说实话，我之所以选择守门员这个位置，是因为我对冰上曲棍球的规则并不是特别了解。我觉得守门员最简单，不要让球进网就可以了。

在我四年级的时候，老师发现我坐在教室的后面写东西，而不是在听课。她大声地问我："吉米，你在干什么呢？"我带着自信和决心回答："我在练习我的签名，因为有一天我会在参加奥运会打球，然后所有人都会想要我的签名。"

作为一个冰上曲棍球运动员，我是有天赋的，但是我的身材比较矮小。在初三加入校队的时候，我的身高只有一米五五，体重没有达到五十公斤。在接下来的一年，我长了几厘米。但是两年后，我的身高突然往上涨，体重也随之增加，高三的时候，我的身高达到一米八，体重也近八十公斤。我在校队表现得很好，发挥得也不错。但是，并没有好的大学队对我感兴趣。于是我去马萨所依特社区大学上课，因为这所学校有一个冰上曲棍球队。我听从导师尼尔·希金斯的建议，在任何环境下都要做得最好。我努力地训练、比赛。在校队打赢全国社区大学冰上曲棍球联赛总决赛时，我就是当时的守门员。

我在社区大学的表现吸引了杰克·帕克的注意力，他是波士顿大学队的教练，在冰上曲棍球界是个大人物。他邀请我去波士顿大学打球，还给予我全额奖学金。我从后备守门员这个位置打起，在自己的能力得到肯定后，整个大学生涯都打首发的位置。即使我打球非常顺利，还是经受了巨大的心理压力，因为我的母亲在和癌症做斗争。在我大三的那一年，波士顿大学赢得了全国总冠军，我每天都会去医院探望她。在我即将升入大四的暑假，母亲去世了。

我大四那年获得全美最佳运动员奖项，并成为1980年美国冬奥会冰上曲棍球队的一员。参加奥运会的梦想实现了。

这是我的梦想，也是我父母的梦想。母亲躺在病床上的时候，她让我保证，如果我有机会能够代表国家参赛，一定把握好这个机会。

赢得金牌，对我来说不仅仅是个人的胜利，也是完美团队的精神代表。这个胜利，我和所有充满爱，有奉献精神及努力奋斗的人一起分享：我的队友，我的父母，我的教练和导师们，我的兄弟姐妹和朋友。

吉米·克雷格在四年级的时候就确信了他的梦想。接下来，他刻苦训练了很多年，让这个梦想成真。我相信我有一天会有一只小狗。在两年里，我努力向爸爸妈妈证明自己有能力和责任心，可以照顾这只小狗。两年后，爸爸妈妈送给我一只迷你腊肠犬——曲奇。如果你相信你的梦想是有可能的，并为之奋斗，你就可以让梦想成真。

相信不可能的事情。

——玛丽 · 卢.雷顿

1984 体操

马塞洛·冈萨雷斯是我的叔叔。马塞洛叔叔观看了我爸爸在1988年卡尔加里和1992年阿尔贝维尔的无舵雪橇比赛后，决定也要成为一个奥运选手。马塞洛叔叔在三十岁以后才开始学习无舵雪橇这个项目，但是通过努力他参加了2002年盐湖城奥运会。当马塞洛叔叔和爸爸一起在盐湖城比赛的时候，他们成为男子无舵雪橇项目第一对一起比赛的兄弟。现在，马塞洛叔叔是一名建筑师，居住在得克萨斯州休斯敦市。

没有“太迟开始”这个说法

马塞洛·冈萨雷斯　无舵雪橇　阿根廷

2002年盐湖城奥运会

1988年，我前往加拿大去观看我哥哥鲁本在卡尔加里冬奥会的无舵雪橇比赛。当我到达卡尔加里后，鲁本给我了一个奥运村的参观者通行证。这样，我有机会认识了世界各地的运动员。我看到他们居住和训练的地方，还能够跟他们一起在食堂就餐。几天后，我在无舵雪橇的赛道旁边观看鲁本的比赛。在这个时候，我完全没想过我会成为一个奥运选手。但当鲁本的雪橇从我眼前飞过，一个奇怪的想法在我的脑海中闪现。如果他可以做到，我也可以做到。这是一切的开始。

十年后，我在家观看1998年冬奥会的视频。那个时候，我已经毕业，取得了建筑学学士学位，并已经开始实习。在我看比赛的时候，“鲁本可以做到，我也可以做到”的想法又重新浮现在眼前。这时候在我脑子里闪现的不是奥运梦，而是“如果我现在不开始，我会后悔一辈子”的想法。

第二天我和鲁本一起吃午餐。我问他：参加奥运会需要些什么东西？他解释了关于奥林匹克达标资格等知识。之后，他给以前的教练打电话并提起我有兴趣参加无舵雪橇项目。那时候我已经三十三岁。冈瑟——鲁本的教练，对年纪这么大的运动员没有兴趣。他说两个星期后在卡尔加里有个面向新运动员的集训营，看在鲁本的份儿上，允许我参加这个集训营。

抓住机会，要不然你会在悔恨中生活

两个星期后，我到达卡尔加里，这也是我多年前观看鲁本比赛的地点。我在得克萨斯州的休斯敦市长大，基本没有怎么见过雪。我想弄清楚这是不是我想做的事情，因为我不确定。思考着这些问题的时候，我到了那个地方。

第二天清晨，我第一次上了无舵雪橇。冈瑟站在赛道的中间，让我往下滑。他告诉我要放松，感受雪橇对赛道的反应。他挨着我的肩膀，把鞋子放在雪橇上，就这么把我踹了下去。我感受到雪橇开始加速，风吹过我的耳边。我感受到在赛道转弯处增加的压力。

我热爱这种专注的感觉。建筑是一个广阔的科目，充满不同的变数和因素。在赛道上，唯一的目标就是最快地从起跑线到达终点线。除了这个目标，其他都不重要。整个过程下来不到一分钟，但是在我跨越终点线的那一瞬间，我就知道，我是一个奥林匹克运动员。在我的思想里，在我的心中，我知道这是可以完成的，我抓住了这个奥运梦。在短短的一分钟内，我就看见自己进入了国家队，走进奥林匹克体育场。在那个瞬间，我就是奥运选手。接下来，我要努力让梦想成真。

付出代价，努力工作

这期间有很多的障碍。第一年我辞职了，开了一家自己的建筑公司——冈萨雷斯建筑所，这样我才能把工作和训练时间安排妥当。我没有赞助资金，这让我能够参加的训练有限。训练的不足意味着在赛道上受伤的可能性增多。但这一切都不重要，十年的思考与赛道上的一分钟，让我找到了这个梦想。一旦我抓住了这个梦想，一切都慢慢地变成现实。我只需要一步一步地朝着梦想走。

2002年，鲁本和我同时参加在盐湖城举行的冬奥会。一切都是值得的，只是和我刚开始想象得不一样。我没有意识到，我看到的地方，一路上认识的人，能够和我分享经验的朋友，这些都更重要。此次旅行，途中的得与失，以及最终实现的目标，于我而言皆为收获。从冈瑟推我下赛道到冲过终点线的那一瞬间，一切都是值得的。

一切都是值得的。

你有没有因为害怕失败而决定放弃一直想做的事情呢？悔恨的感觉不会让你难受吗？当马塞洛叔叔观看1988年冬运会的时候开始思考：如果我不尝试一下无舵雪橇，以后一定会后悔。即使三十三岁，比运动员的平均年龄大很多，他还是抓住了这个机会，以免在悔恨中度过余生。无论如何，你都要追寻自己的梦想，把每天都变成一场历险，而不是生活在悔恨中。

荷西·德.索萨出生于巴西。他于2002年参加巴塞罗那奥运会竞赛游泳项目。他也是1993年4×100米自由泳接力赛的世界冠军，世界纪录保持者。荷西与他的妻子及两个孩子住在洛杉矶。

你的信念，决定你的行动

荷西·德.索萨　游泳　巴西

1992年巴塞罗那奥运会

巴西通常都是好天气，我在这样的环境中成长，从小就爱上了游泳。我的父母告诉我，在泳池旁边放下我之前，他们一定要把充气袖套放好，因为即使不会游泳，我也要往水里跳。

我有支气管炎，严重的时候需要住院。医生建议我的父母带我去学游泳，这对我的病情会有帮助。他们想：太好了，反正他也想学游泳。在我六岁的时候，他们请了当地的游泳教练，教我学习游泳。当地的俱乐部只接受七岁以上的孩子。她勉强答应了。在选拔赛后，教练把孩子分成两组：鲨鱼和小鱼。你可以猜我被分到了哪一组。

游泳对我来说只是好玩。我爱在水里的感觉，很幸运，教练在训练我们保持激情的时候，并没有影响到我的兴趣。因为我总是和朋友们一起在泳池里，我从来没有意识到自己正在接受训练，这有点像电影《龙威小子》中那个“上蜡，除蜡”的工作，只不过我喜欢这个过程。

十岁那年，我开始比赛，年纪轻轻的我就显露出游泳天赋。

掌握更好的训练方式及努力训练，会意味着我能拿第一名，这对我来说是充满乐趣的。从另外一个角度来看，提升训练强度，从技巧、耐力、体力、动作幅度和心理承受能力都进行严格的训练，会让我变得更好。接下来我就可以打败更多的人，那就更好玩了。我在十二三岁的时候就立下志向，要参加当地的与省级的比赛。我定下目标，如果我赢了省级的比赛，就一定会往前走，赢得全国的比赛，之后就是参加奥运会。

相信自己

在我追逐奥运梦的路程中，最大的挑战就是学会坚定自己的信念。

我认为对所有奥运选手来说，最重要的特质就是，坚信自己能在这项运动中取得胜利。在我看来，这种“我能”的信念强大与否，关乎着你训练的强度，你晋级的远近等，以及你的目标能否实现。

举一些我的例子。在我还是个孩子的时候，参加每场比赛之前都非常紧张，我记得在比赛就要开始的时候，站在跳台的旁边的我不小心尿了出来。同时，我也记得在冲刺期间，以数秒的差距打败我的，是年纪比我更大（理论上更快）的选手。我意识到，你需要好好利用好你的驱动力，你的信念，你的肾上腺素——所有的一切——都要利用到位。

在我十岁的时候，有人在就要上场的时候对我说，稍后他一定会击败我，因为他的竞赛记录比我的要快。我对他说：“你不知道我的最快时间，因为我们下了水才知道。”这个小小的例子告诉我，克服外在的限制、控制、影响甚至威胁，相信你可以，你就一定会实现你的梦想。

我决定离开家园，离开祖国，离开家人去美国，为的就是有更好的教练、训练、比赛和结果。但是它们都是同样方法的不同运用。无论我在哪里，我都会比我的竞争对手更努力和有系统地训练，最终比他们游得更快。我真的相信自己。

一生梦想

好笑的是，我从来不觉得奥运梦是我最值得骄傲的事情。听我解释，在一个人的一生中，应该有很多梦想。我也是这样的。

我刚开始的时候梦想进入国家奥运队。后来，我意识到我不仅仅想进入奥运队，还想进入总决赛，还梦想着拿到奥运冠军或者世界锦标赛冠军。

我还有许多和体育完全没有关系的梦想。

我对达标奥运队的那天印象深刻，那是我人生中最开心的一天。言语不能形容我的感受。现在想起来，我对那天的记忆和十岁那年第一次拿省级冠军的那天一样深刻，和我拿大学毕业奖学金的那天一样深刻；和我的女儿，及之后儿子诞生的那天一样深刻。

我没有完成自己所有的目标，但是我完成了大部分。我也意识到旅程和终点一样重要。

我认识的几个冠军得主，即使他们赢得了比赛，但他们毫不骄傲。这有可能是因为他们有更大的目标或者更想刷新世界纪录。但是，一路上让我梦想成真的乐趣来源，是我感恩我所做的一切，和我不断学习的习惯。永远不要停止梦想。

荷西·德.索萨一生生活在梦想中。他相信，如果他努力工作就能实现梦想。他也知道如果一路上寻找乐趣，就会更加享受自己的旅程。我爸爸经常告诉我，如果我在追逐梦想的过程中努力工作并寻找乐趣，人生就会是一场历险。

没有勇气历险的人，他的人生将一事无成。

——穆罕默德·阿里

1960 拳击

罗伯特·博尼特斯出生在纽约。他是全国金手套奖冠军，并参加了2004年雅典奥运会。之后他成为一名职业拳击手，并居住在佛罗里达州。

接受大挑战

罗伯特·博尼特斯 拳击 美国

2004年雅典奥运会

我第一次有机会实现奥运梦是在2000年，但因离达标一线之遥而错过。错过奥运会的感觉真不好，但是我决定为2004年奥运会训练。在那四年中，我努力训练并在体重组内位列全国第一。接下来我赢得奥运达标赛并顺利进入奥运队。在错过2000年奥运会后，达标2004年奥运会让我充满了成就感。

在我的奥运路上，最大的障碍是我在达标之前的几个月时上升到第一体重组。这么多年，我在旧的体重组中发展得很顺利，但是必须要向上走一个组，那个组的竞争更加激烈。很多人认为，我的时间不足以调整，且在新的体重组中出线，因为那些家伙都比我更加强壮。我必须向那些拳击专家证明自己是个特殊的拳击手。我迅速调整，成功地在新的体重组中名列前茅，达标奥运队。当人们不相信你的时候，无视他们，追随自己的心灵，加倍努力工作，并证明他们是错的。

我的奥运梦拯救了我，它向我证明，如果我相信自己，努力训练，就能实现梦想。实现梦想后，我发现自己在精神方面有了很大的成长，信心大增。

我想给大家分享一个重要信息，就是你要坚定信念。如果你想见证自己的梦想成为现实，也要学会牺牲和放弃。如果你付出努力，梦想一定会实现。如果你的梦想建立在努力工作之上，那么这个梦想一定会实现。这过程的年月并不重要，因为付出与奋斗是需要耐心的，也需要一个从错误中学习的过程。无论你付出多少汗水，当你的梦想实现时，你知道它是值得的。

很多人训练了四年，达标失败后就会放弃了。罗伯特拒绝放弃自己的梦想。他不仅仅承诺在接下来的四年为奥运会训练，还选择一个更有挑战性的体重组。冠军不会被挫折打败，拳击手知道要在被击倒后立刻站起来。做一个斗士。当生活打倒你时，不要放弃。站起来！为你的梦想战斗！

丹妮拉·穆立是一位来自瑞士的单板滑雪运动员。在平行大回转项目中，她获得了2005年世界锦标赛的冠军和2006年托尼诺冬奥会的金牌。

信任你的内心

丹妮拉·穆立　单板滑雪　瑞士

2002年盐湖城　2006年托尼诺奥运会

我六岁的时候，是皮尔明·楚尔布里根的忠实粉丝。他是瑞士有名的滑雪竞赛冠军。他的每次比赛我都准时观看，当然也包括奥运会。我为他在比赛时的表现感到震撼。因为他，我的目标变得清晰了。

“我也想要做这样的运动员，我也想和皮尔明那样做奥运冠军！”

从那一瞬间起，我的梦想就是成为奥运冠军，我绝对不会让这个梦想熄灭的！我尝试了很多运动，比如说双板滑雪、田径、足球、游泳、篮球、柔道等等。我十四岁那年，第一次滑单板，滑下来之后，就知道我找到了属于自己的项目。我像上了瘾一样。我喜欢跟别人比赛，速度变成了我的激情，特别是在单板上滑平行项目。时间一点一点过去，我的奥运梦也渐渐向我靠近。

我在成为奥运冠军的路上学到的最重要的一个课程，就是相信自己的直觉。我意识到别人怎么看待我并不重要，别人怎么看待我的训练也并不重要。重要的是你要相信自己的能力和选择。我一直都跟随自己的内心，并不理会别人的说法。

我学会的另外一件事情是如何与媒体沟通。在我职业运动员生涯的开端，这成为一个大问题。媒体让我非常紧张，以至于我在比赛的时候还在思考待会采访时的答案。你可以想象，这非常糟糕，因为我的专注力不在训练上，而是比赛结束后的采访上。但是，我终于找到了这个问题的解决方案。我为采访者最经常问的几个问题准备了标准答案，在比赛的前一晚，我会准备赛后采访的回答。这样，我对每个状况都做好了准备，并把注意力和精神都放在最重要的比赛上。

在奥运会上比赛是难以置信的经历！我一直都觉得，当运动冠军说：“我简直不敢相信自己完成了什么！”他们只是说说而已，但是我不得不说自己也有同样的感觉。确实，我站在奥运领奖台上时感觉奇妙又快乐。但是，我在十天后才意识到自己究竟做了什么。在奥运会结束后，我们开始准备在俄罗斯举行的世界杯竞赛。竞赛的前一天我在俄罗斯乡村的山坡上跑步，突然我停下来想：“天哪！我实现了最大的梦想！这个梦想是我在小女孩的时候就产生的。我的奥运冠军梦成真了！”这对我来说是一个非常感性的瞬间，我的眼泪止不住地往下流。

总是有人告诉你，他们觉得你应该做什么。当我爸爸决定开始无舵雪橇这项运动的时候，很多人觉得他是个疯子。当丹妮拉为奥运会训练时，很多人觉得她应该用另外的方式来训练。丹妮拉很强壮；她相信自己的直觉。遵从自己的内心，丹妮拉能够把注意力集中在重要的时刻，并实现了自己的奥运梦。

我的医生告诉我，这辈子是不能走路了。我的妈妈告诉我可以。我选择相信我的妈妈。

——威尔玛 · 鲁道夫

1960 田径

朱莉亚·斯帕任克在2002年盐湖城奥运会参加高山滑雪项目。如今，她是乌克兰滑雪联盟，管理所有滑雪相关事物的政府机构的秘书长。

开始行动，不要放弃

朱莉亚·斯帕任克　高山滑雪　乌克兰

2002年盐湖城　2006年托尼诺奥运会

我清楚地记得那个瞬间。

那一年我才十五岁，在1995年那个非凡的赛季——我在儿童比赛中的最后一次——参加了全国锦标赛。我们在乌克兰有名的特罗斯坦山脉竞赛，我比赛的项目是高山滑雪大回转。我的教练和我很开心，但是，真正令人惊讶甚至有点尴尬的是，那么多人，不仅仅是我的团队，还有其他人，甚至法官，也分享了那些感情。结束后，我们回到家里。家人为我举办了一个小型庆功会上，教练对我妈妈说：“好啊，我们的下一个目标是1998年长野奥运会。”

就这样，这就是我奥运梦的开端。

参加奥运会最大的障碍在于，乌克兰没有建立一个有效率的运动员培训系统。因此你无法在这里得到类似世界锦标赛，欧洲锦标赛等比赛的奖牌，只有得到这些有分量的奖牌，你才能够得到国家资源的支持。我不是世界上最强大的高山滑雪运动员，所以，只有成为这个国家顶尖的运动员，我才有机会参加奥运会。不幸的是，1998年长野冬奥会之前，我没能够成为乌克兰顶尖的运动员。这次失败让我深受打击，但是我下定决心继续比赛。惊讶的是，在长野奥运会后的一个月，我的全国排名达到第一。这之后也有很多挑战和障碍，比如后背受伤，训练机会的不足和合适装备的匮乏等。我一直尝试在任何环境下都发挥得最好，并牢记目标。我没有把注意力放在障碍上，我从目标中吸取能量。

最终，在2002年，我成功参加盐湖城冬奥会竞赛。后来我继续训练并参加了2006年托尼诺冬奥会。我的家庭，特别是我的妈妈，一路上都在支持着我。当你克服了重重障碍、打败各种挑战来实现梦想，你在竞赛之前就已经胜利。挑战越困难，胜利——也就是实现梦想的瞬间，就越值得珍惜。

我很幸福我发现了自己的奥运梦。我不敢相信自己真的完成了。和任何事情一样，这一路上有数不清的问题，但我一个一个地把它们全部解决了，都是因为我专注于自己的梦想。所有事情都带来不一样的感觉。

让我更加自信和快乐的是，在盐湖城奥运会，我获得了很多欢呼和鼓励。我从来没想过有那么多人支持、祝福我。分享这种感觉，让我的奥运梦变得更加真实和强烈。因为你意识到是团队合作的力量让你有了今天的成就。我十分感恩所有用不同方式帮助我实现奥运梦的人。

通往梦想的路上总是充满挑战。即使朱莉亚是一个优秀的滑雪运动员，但她的国家没有完善的滑雪运动员培养体系，像很多其他的运动员一样，朱莉亚面对着伤病和重重挫折，比如说错过长野奥运会的经历。但是她专注于自己的梦想并继续训练。朱莉亚敢于挑战的勇气，带领她实现自己的梦想。开始行动，不要放弃。不久后你就会发现自己的梦想其实并不遥远。

我渴望成功，为此我终日训练，灌注激情。在正确的刹那，我引燃了火柴。

——米亚·翰

1996，2000，2004 足球

第二部分

提前计划

玛丽莲·金在1972年和1976年奥运会参加田径五项全能（100米跨栏，铅球，跳高，跳远和800米赛跑）竞赛。在1980年奥运会训练期间，她在一场车祸中腰部受伤，并在病床上躺了五个月。她用那段时间观看五项全能比赛并想象自己赢得比赛的画面。即使她失去了数月的训练时间（玛丽莲一天平均训练6到8小时），仍以全国前三的排名达标1980年奥运会。她是体育超人，一个教导人们如何通过热情、视野和行动达到目标的机构创办人。

看见、相信、行动

玛丽莲·金　田径五项全能　美国

1972年慕尼黑　1976年蒙特利尔奥运会

一般情况下，奥运选手都是普通人——完成不可思议事情的普通人。这是我的亲身经历。

我就是一个普通的奥运选手。我一直想弄明白，为什么我在运动能力只是稍微高于平均的水平下，完成那么多成就。

思考了六年，我决定接触其他奥运选手，并询问他们成功的原因。我们认识了冬季和夏季奥运选手，团体和个人运动员，男性和女性，奖牌获得者和非奖牌获得者……无论体育项目、国籍或排名是什么，我们都完成了大多数人想象不到的成就。我们这个周末小聚的目的，就是讨论究竟是什么共同点让我们达到目标。

在山上的周末，我们进行头脑风暴，找出与我们能力相关的因素。当我们把这些因素汇总到一起，列成一个清单时，它们被分成了四个领域：身体（行动），头脑（想象），精神（热情）和“其他”。

其中最大的区域是心理的技能。所有运动员都知道，如果你想达到不可想象的目标，在大脑中必须对这个目标有着清晰的画面，并无时无刻都想着它。

敢于想象，实现梦想

我们都知道，我们对于目标的想象越是清晰，如何达到目标的具体步骤就越会自然而然地出现。刚开始的时候，这些奥运选手都没有意识到达标奥运会到底需要什么，但是当目标清晰，步骤就一步步明显起来。如果你想象不到自己的梦想，那么你永远都想不出，目标也永远实现不了。所有成就的第一步就是敢于想象。

精神上的训练是另一个重要的技能。在每次比赛或表演之前，以最详尽的细节来想象自己的表现，会帮助这些细节成真。

让梦想充满激情

即使头脑的力量能够帮助奥运选手表现得更好，但感情和精神能给各个领域的成功者带来更多的能量。大部分人觉得自己缺乏意志力或自律精神，所以在各自的领域达不到一定的高度。人们觉得，这是属于“其他人”的优点。表面看到的意志力和自律精神，从内心看其实就是激情。这些运动员都是对自己项目充满激情的人。这是发自内心深处，充满情感的驱动力，让他们无论做什么都精力充沛。他们知道自己想要什么，并不顾一切地冲刺。达到目标，你需要的就是激发能量和创造力的激情。

行动吧！

第三个领域关乎于身体。让我们惊讶的是，这个领域的清单最短。我们意识到，虽然身体、体能也不可缺少，但是它从来不是至关重要的一个因素。头脑和精神领域对成功的影响要大得多。

很多奥运选手承认，有大量身体素质优越的运动员从未加入奥运代表队。这个领域的关键就是每日、每周、每月持之以恒地为目标行动。

建立梦之队

在“其他”这个领域中，我们找到一些另外的因素。在这个清单中，吸引我注意力的是“家庭支持”这一项。有一个运动员总结得很好，她说：“我从家庭中得到的支持就是他们给我的无条件信任。”当我环顾四周，所有人都在点头表示赞同。我相信，家长能够给孩子最重要的东西，就是告诉他们只要有激情并持之以恒，他们能够完成任何事情。

在北加州山脉中聚集起来完成这个项目的奥运选手对这些结论都表示赞同。对于任何领域中的成功人士而言，他们成功的因素并不来源于特殊的天赋或才能，而是每个人都与生俱来的能力。

爸爸告诉我，当我有目标或梦想的时候，我应该跟随同样的步骤。想象我梦想成真的感受，把梦想的画面放在时时刻刻看得见的地方并开始行动，去向目标冲刺。这听起来很简单，但是如果你跟随这个步骤，你就可以梦想成真。

约翰·内波是美国最成功的奥运选手之一。在蒙特利尔奥运会中，他为美国队赢得四枚金牌，并刷新各自项目的世界纪录。内波成为第一个在一天内获得两枚奥运金牌的游泳运动员，并在1977年赢得美国业余运动员最高象征的苏利文奖。约翰·内波现在是一名运动广播员和演讲者。

做好计划，准备胜利

约翰·内波　游泳　美国

1976年蒙特利尔奥运会

当我还是个孩子的时候，我和家人一起去雅典旅行。导游告诉我们关于古代奥运会的知识，还提到了充满速度与激情的体育精神。我喜欢体育精神这个概念，所以我告诉妈妈：“我有一天会成为奥运选手！”她问我：“你选择什么项目啊？”我完全不知道，不过游泳最终成为我的项目。

我前往奥运会最大的障碍，就是在奥运选举赛之前的一次意外。1972年，在奥运选举赛的前三个月，我在跳水的时候从跳板上滑下来，摔到了泳池边，摔断了锁骨。在去医院的路上，我已经知道自己骨折，并开始思考如何在养伤的过程中继续训练。最后，我花了六个星期和教练在泳池边，一边踱步一边观察泳者如何把技巧掌握得更好，把速度提得更快。两个月后我恢复了训练，速度比以前更加快。我以一线之差错过选举赛的入赛资格，但是我知道命运会让我下一次成功。在1972年选举赛结束后，我立刻就把注意力转移到1976年。

加入1976年奥运队是很有成就的，我已经梦想了很久，要拿到奥运金牌。我知道我有能力拿到金牌，但是我不知道自己能不能做到。当我看到数据牌并发现自己打破世界纪录时，我感到安慰和喜悦。我最大的满足感来自父母的自豪，以及在平时不苟言笑的教练身上得到一个大大的拥抱。

如果在选举赛之前摔断了锁骨，大部分人应该会放弃奥运梦想了。

在这养伤的六个星期中，约翰·内波和教练学习这项运动，观察运动员。约翰学会了新的技巧，并计划如何运用它们。恢复后，他的速度比以前更快。爸爸总是告诉弟弟格雷森和我要提前做好计划。当你受到挫折时，重新计划。找到方法变得更强！

我的目标并不是击败全世界，而是做到最佳的自己。

——阿尔·奥尔特

1956，1960，1964，1968 掷铁饼

大家都叫克戴维斯“KD”，他在2004年雅典奥运会代表美国队参加800米田径赛跑。克戴维斯是内华达大学拉斯维加斯分校长跑队教练和美国田径委员会主席，也是一名演讲者。

从错误中学习

克戴维斯·罗宾逊　田径　美国

2004年雅典奥运会

2000年我参加美国户外奥运会选拔赛时，也算是一号种子选手。不过，在选举赛的前一周我生了病。虽然病得不是很厉害，只是严重过敏但还是让我感到不适。我试着不要因为身体状况太担心或紧张，并在比赛期间发挥得还算不错。但是，在最后的一百米中，我被竞争对手以一秒的优势超过，拿到了第四名。在这种情况下，我极其专注地准备2004年的奥运会。选拔赛的那天，我没有犯规，并跑得非常顺利，从而赢得了比赛。经过四年的训练，这是一个非常棒的体验。我在俄勒冈州尤金市举办的选拔赛中确立自己的奥运梦，然后在2004年的雅典奥运会实现了。

专注于当下

在前往奥运会的途中，我最大的障碍是克服以前的失败和错误。我必须要时时刻刻提醒自己专注于当下，不要因为过去发生的事情分心。不仅仅是一线之差错过上一届奥运会这件事情，还有我人生中的所有经历。我一生中都在和自己做斗争。每当我遇到一个障碍，那些自我怀疑、自己限制、被自己打败的想法也随之而来。多年前，很多人告诉我，我高中无法毕业，到后来有人告诉我，我活不过十九岁，到阅读数据显示，像我这样的人成功概率极小……所有的“阴影”都随时随地跟随着我。它们就像花园中的杂草。你花时间种下水果、蔬菜和花朵，但杂草总是会自己长出来。我需要克服内心的消极思维。需要意识到生命其实不仅仅是拿到奖牌或者带最多的钱回家。明白胜利是当你冲过终点线，你达到了自己最好的成绩，把所有的精力都奉献出来的那一刻，我意识到巨大的成功来源每个时刻的坚持与积累，而这就是我的时刻。我把自己的一切都奉献出来，并成功通过选拔，成为2004年奥运队的一员。

作为奥运队一员的感受，很难形容。你就像生活在梦里一样，好像在那里又好像不在那里。因为我以前的故事，我加倍地珍惜这个经历。如果我轻轻松松就达标奥运会，也许我就不会那么珍惜。但是，正因为我以前吃过苦，这就更加值得。我确立并实现目标，其实没有从这段经历中的成长重要。就像莱斯·布朗所说，这就是“路途的力量”。我在追奥运梦的路途中得到了很多力量。我同时学到，实现梦想会是一件艰难的事情。你看，托尼·邓吉描述得最恰当：“成功是一件不普通的事情，所以普通人享受不了。我们在寻找不普通的人。”我觉得我所有的经历都不是普通的。如果你能够经历这样的事，你一定是特别的人。我很庆幸自己的特别。

想象一下，你为一个目标拼尽全力，不知道自己能不能够实现它，而你在就要放弃的那一瞬间，终于看到曙光。想象一下那种感觉！再把这个感觉放大一百倍。

这就是我终于实现梦想的感觉！

克戴维斯告诉我们，思想就像一个花园。你种下蔬果，但杂草总会到来。如果你想收获一个美丽的花园，那么你就要清理杂草并照顾植物。在脑海中蹦出来的消极思想，阻止你实现梦想的想法，就是一株株杂草。把它们清理掉，专注于自己的梦想吧！

迈克尔·宾泽出生于格陵兰岛，并为丹麦国家队比赛越野滑雪项目。他是霍顿商学院的毕业生，现于格陵兰岛航空公司任执行总裁一职。

与胜利者同行

迈克尔·宾泽　越野滑雪　丹麦

1992年阿尔贝维尔　1994年利勒哈默　1998年长野奥运会

成长在格陵兰岛偏远地区十五岁的我，相信总有一天我会以一名滑雪运动员的身份，参加冬季奥运会。格陵兰岛没有好的滑雪教学项目，我离专业的滑雪训练设施非常远。所以，十七岁那年，我搬去了挪威。那时候我选择在奥斯陆大学学习，一边为获取大学学位，一边为成为职业越野滑雪运动员而训练。

在我成为奥运选手的过程中，最大的障碍是寻找合适的财务处理方式和训练机会。所以我制定了一个“作战计划”来寻找企业赞助。当你专注于梦想时，你会生出一种态度——“无论什么障碍，我都能找到解决方法！”。

二十二岁那年，我实现了目标，参加了1992年阿尔贝维尔冬奥会竞赛。这是一个非常精彩的体验，于是我决定继续往前走，并参加1994年利勒哈默奥运会。我的目标变得越来越大，一次又一次突破自己的感觉非常棒。我又荣幸地参加了1998年长野冬奥会，之后结束我作为滑雪运动员的职业生涯。长期在世界各地的山间、森林和城市中训练的过程中，我学会了一件事情：只要你敢想，目标并不遥远。

我把在体育运动中学到的知识用在事业上。我一直热爱航空航天，现在我在格陵兰岛航空公司任执行总裁的职务，为此非常自豪。

为了实现梦想，你有可能需要搬去另外一个城市。或者像迈克尔那样搬去另外一个国家。格陵兰岛没有专业的滑雪训练设施和资源，不代

表迈克尔不能称为奥运滑雪运动员。当爸爸决定竞赛无舵雪橇时，他住在休斯敦。这没有影响他的梦想，冬天，爸爸来到了普莱西德湖城和欧洲学习这项运动。为了寻找更多的机会，我的祖父母在19世纪末从意大利搬到阿根廷。六十年后，我的祖父母因为同样的理由从阿根廷搬到美国。保持思想开放，随时准备搬到最好的资源地。

如果你没有准备好，就是准备面对失败了。

——马克 · 斯皮兹

1972 游泳

阿妮特·哈金斯-拓勒（现阿妮特·林奇）利用她的奥运会经验，把所有知识用于帮助他人实现目标。她是《体育以外的成功》的作者、个人教练及演讲家。

找到前往梦想的道路

阿妮特·哈金斯-拓勒　沙滩排球　澳大利亚

悉尼2000年奥运会

我们站在通道的尽头，静静地等待播音员宣布我们国家的名字，我们体内满是激动和期待，直到听到：“澳大利亚排球队！”我的沙滩排球搭档拉着我的手，庆祝这个时刻。我们做到了！我们走到了这里！

这是我人生中最值得骄傲的瞬间之一。

我童年的梦想就是参加奥运会。1976年蒙特利尔奥运会，当娜迪亚·科麦妮希通过完美的表现震惊全球时，我只是一个刚满十岁的体操运动员。

那是我第一次对奥运会产生兴趣，也是第一次对体操项目有所了解。同时，我也被开幕式和闭幕式深深地吸引。这就是梦开始的瞬间。我终有一天会成为开幕式的一员；我终有一天会在奥运会中比赛。

在我十五岁的那年，我的背部损伤严重，教练建议我停止体操训练。奥运梦也随之破灭。我最初的反应是绝望的，体操培养了我的自律精神，也为我的野心提供燃料。没有体操，我失去了方向，也失去了快乐。

即使在年龄尚小的时候，我已经本能地、习惯性地寻找其他能够帮助我实现目标的方法。我开始问自己这样的问题：“如果我不能继续训练体操，我还能参与什么体育项目呢？我还能够在哪个方面胜过他人呢？我怎么样才能参与奥运会？”

高中时，我开始打排球，那时候我也在考虑职业的选择，我决定去大学学习，成为一名理疗师。我开始想：“这是另外一个实现奥运梦的方式——不是作为一名运动员，而是治疗师。”

我的梦想在脑海中浮现得非常清晰。

我继续打室内排球，一直打进州队，打进澳大利亚国家队。1987年的夏天，我开始打沙滩排球，到了1992年和1993年的时候，这项运动成为我最大的兴趣。我的身高一般，这项考验体力和灵活性的运动，非常适合我。

当奥组委宣布沙滩排球在亚特兰大奥运会成为一项正式的运动项目时，我终于有了一个真正参加奥运会的机会。去年夏天，我所在的队在澳大利亚沙滩排球巡游赛中拿到第二名。我决定结束室内的训练，把精力集中在打沙滩排球上。

1994年年底，我和我的沙滩排球搭档在全世界排名第八。我在朝着达标亚特兰大奥运会的方向前进，但是我的搭档有着另外的主意。她不仅仅想达标，还想拿奖牌，于是，她觉得和另外一个人搭档会更好。这个团队的解散对我来说出乎意外，但是我知道自己还要往前走。我为了寻找新的搭档搬去另外一个州居住，但是1996年奥运会达标失败。我在家里看着前搭档在亚特兰大奥运会上获得铜牌。

即使如此，我依然专注于在奥运会竞赛，于是我又搬去另外一个城市，找到新搭档，和她一起打了几年世界巡游赛。直到她也觉得应该找一个新的搭档。我和下一个搭档只合作了四个月，因为教练们觉得，她和另外一个女孩协作得比较好。

最后我和莎拉·斯卓顿成为搭档，我们两个都换了很多搭档，所以在澳大利亚队中，我们被视为“最不可能成功”的一组选手。但是我们不这么想，将精力集中在参加2000年悉尼奥运会上。

这一路并不简单，我们都经历了内心的挣扎，期间我们有过短暂的停滞，但最终我们意识到最好的选择就是坚持下去。毅力和对梦想的坚持带着我们走过那个通道，来到2000年悉尼奥运会开幕式，来到十万人的眼前。

我人生中最光辉的瞬间就是面对一万名现场观众，在邦迪海滩比赛。我在球网前觉得自己战无不胜，并在世界排名第二的队伍面前表现得很好。那场比赛我们非常遗憾地输了，两天后因为另外一场败仗被淘汰。但是在那场比赛中，我因为发球速度最快而打破世界纪录。我自豪于我对梦想的坚持。

所有一切，都从梦想开始！

阿妮特心怀奥运梦，但是需要找到正确的方向。阿妮特知道她如果不放弃，就一定能找到属于自己的路。爸爸的故事也很相似。他知道他不能通过踢足球实现奥运梦，所以他选择了另外一个项目——无舵雪橇。上帝把梦想放进你的心中，并给你所有需要的工具来实现梦想。你只需要培养这些天赋，努力锻炼，永不放弃。

库兹涅罗维茨和船一直很有缘，一直追溯到他还没有出生的时候：他父母的婚礼在游轮上举行。在他三岁的时候，他的父母带他第一次航海。1999年，国际航海组织（ISAD）授予他年度最佳航手的奖项。那一年他被宣布为波兰最受欢迎的运动员。当他不在海上时，库兹涅罗维茨喜欢打网球，高尔夫球和旅游。

提前观察，提前计划

库兹涅罗维茨　航海　波兰

1996年亚特兰大　2000年悉尼　2004年雅典　2008年北京

2012年伦敦奥运会

从1984年起，我开始航海历险，开始的时候，我的脑海里完全没有奥运会的概念。直到七年后，巴塞罗那奥运会开始之际，我开始感受到奥运精神。1992年，我开始为下一个奥运会训练。我参加了所有的航海赛事，并有了自己喜欢的竞争对手。当时我关注加拿大和西班牙的航海选手。我观察竞争对手的动作和技巧。每个人都觉得加拿大选手会夺冠，但是当西班牙选手夺冠的时候，加拿大选手仅仅排在第十名左右。从那时候起，我开始希望自己成为一个奥运航海运动员。

航海是一项复杂又难懂的运动。你需要增强你的身体素质、学会使用器材、掌握技巧和观察气象。你必须有教练和队友跟你一起训练。航海训练需要很多时间，这大概就是最大的挑战——太多事情要做但时间太少。因为这个原因，专业的机构和专注力成为航海训练中最大的两个因素。计划和预测是关键，不仅仅要预测明天会发生什么，还要预测下周和下个月的内容。你还要成为一个好的战略家，学会合理利用你的空闲时间。保持身体素质和体力的最好方式就是睡觉，你必须要给你的身体和头脑足够的休息。对我来说，最好的放松方式就是运动。我喜欢在空闲时间打高尔夫球、滑轮和慢跑。我喜欢我的事业，我也喜欢培养我的动力和体力来实现目标。

多年的计划、训练、制定战略和比赛在奥运会得到收获。参加奥运会比赛给我带来了满足和快乐。我承认这是很有成就感的。我的快乐不仅仅为自己，还为家人及支持者和所有帮助我的人。一个月后，我又忍不住想去航海并设定了新的目标，又忍不住开始想参加下一个奥运会。一个梦想跟随着一个梦想，助我不断前行。

库兹涅罗维茨心怀奥运梦，但是他明白仅仅有梦想是不够的。你必须要提前计划，制定策略，管理时间，听从教练的指挥，并专注于梦想。做到了这些事情，库兹涅罗维茨参与五次奥运会比赛。爸爸也是提前计划。他选择无舵雪橇，因为他适合这项运动，但是他需要把训练时间、工作或学习时间安排妥当。他也需要有足够的存款，在赛季开始的时候开始竞赛。爸爸一直教导我们，有一个计划是不够的，还要有计划B，计划C等，以免计划第一个计划有什么差错。通过提前观察和计划，你也可以让自己的梦想成真。

罗西现任国际滑雪组织（FIS）高山滑雪委员会主席和滑降滑雪赛道设计技术顾问。从1988年卡尔加里奥运会开始，罗西就是滑降滑雪赛道的设计师，同时兼任瑞士高山滑雪运动的解说员。

想象的力量

伯纳德·罗西　高山滑雪　瑞士

1972年札幌　1976年因斯布鲁克奥运会

在我还是一个小男孩的时候，就开始梦想着参加奥运会，但是却没有想象自己会成为一个参赛运动员。我只是被运动的伟大所吸引：这精神，这力量，击败了世界上所有的问题，无论是政治、肤色、宗教，还是文化差异。

接下来，在北海道冬奥会五年前的训练营开幕式中，教练阿道夫·欧吉把一张北海道冬奥会海报贴在墙上，说："你可以去到那里，如果你做对的事情……然后再做多一点！"

我参与奥运会的最大障碍，就是奥运会竞赛在我脑海中的位置。想象多年前，那个瞬间会发生什么事情，想象无穷的压力，他人对我的期望和比赛中可能发生的各种意外……这个瞬间一直重复，因为这个比赛不是一个普通的比赛。我需要为这个瞬间做准备，在脑海中想象比赛那一天的情景，就是我最大的敌人，但是通过这个练习，我对每个情况都做好了准备。

因为我的号码布是四号，在我完成竞赛后，我需要在终点线后等待一个多小时，直到其他选手完成他们的赛道，才能知道谁是奥运冠军。直到我回到了酒店房间，一个人呆呆地坐了下来，才意识到自己是奥运冠军。那个时候，我被幸福所包围。这么多个月，每天、每小时、每分钟等待奥运会竞赛的压力突然消失了。我开始大声尖叫，然后躺在床上哭了二十分钟。

下一个难忘的瞬间是颁奖仪式。我被朋友和家人包围，感觉整个国家的人都在我的身边，我忍不住落泪。所有的力气消失了，但是被另外一个力量代替——奥运金牌！

伯纳德花了多年的时间想象自己的奥运竞赛。他想象当时的场景和状况，想象准备比赛和真正竞赛的画面。爸爸也这么做。多年来他想象在国旗下走进奥运开幕式的场景。这个画面给爸爸力量，让他克服种种困难走向了奥运会。多年来我想象拥有一只小狗是什么感觉。作为一个家庭，我们共同想象在科罗拉多州居住的未来。你也可以做同样的事情。想象你意识到自己梦想的那一瞬间，想象梦想成真，就是给自己的未来加油打气。

如果你没有信心，就总能找到失败的借口。

——卡尔·路易斯

1984，1988，1992，1996 田径

达林·斯蒂尔是美国连橇和雪橇运动联盟的CEO。斯蒂尔曾在伊利诺伊东部大学求学，获得了经济学学士和硕士学位，同时是一名十项全能运动员。他运动生涯中最快乐的时刻是美国连橇队在2002年盐湖城冬奥会期间获得三枚奖牌。除了连橇运动，达林热爱阅读、篮球、高尔夫球，及与妻子和三个孩子共度时光。

为最糟糕的人做准备

达林·斯蒂尔　连橇　美国

1998年长野　2002年盐湖城奥运会

在我七岁的时候，布鲁斯詹纳赢得1976年蒙特利尔奥运会十项全能冠军，这也让我第一次梦想在奥运会上参加比赛。这只是一个白日梦，直到我在1993年世界大学生运动会上获得十项全能的铜牌。从那时候开始，我严肃地对待训练，直到1996年奥运会田径达标赛后，我才开始进行连橇和田径的训练。当我没能进入球队时，我很自然地接受了加入连橇队的邀请。我再也没有往回看，并在下一个赛季达标连橇竞赛。

在前往奥运会的途中，最大的障碍就是和伤痛做斗争。伤痛的根源因田径而起，但是我不想因为这个问题影响连橇的表现。我成了自己身体和肌肉的学生，自学了如何意识到即将发生的伤害，并在我感受到某些问题时学会了暂停训练。因为这样，我才能够保持健康并保持完整的训练，不受伤病的影响。当你为了成为世界第一而训练时，强迫自己不训练是一件很困难的事情。但是我的耐心和自律帮助我达标奥运队。

在奥运会上的竞争让我感觉像做梦一样。 我在云端走路，训练期间所有的汗水和艰辛，让我充满力量，这比我想象中还好。

爸爸说人生充满挑战，所以我们需要坚强。生活有起有伏，所以你必须要有坚韧的内心来渡过难关。伤病是运动的一部分。达林明白这一点，他也学会了保护自己的身体并恢复体能，而不是盲目地往前走。就像我爸爸总是说：“为最好的做希望，为最糟糕的做准备。”

一个现在执行的普通计划比一个下周执行的完美计划还要好。

——乔治 · 帕顿

1912 现代五项全能

山姆·霍尔出生于俄亥俄州的代顿市。他在1960年罗马奥运会中获得银牌。山姆是前俄亥俄州众议院议员。作为救援队的一员，山姆爬过山，探索过世界。

用心灵来观察

山姆·霍尔　跳水　美国

1960年罗马奥运会

当我还是个孩子的时候，爸爸每年冬天都带着我们的家人到佛罗里达州的一家酒店度假，所有的世界级游泳运动员和潜水员都常常待在那里进行全年的训练。

我每天花好几个小时看他们训练，特别是跳水运动员们。他们绷紧脚尖，优雅地跳下高高的跳水板。我喜欢看他们把自己抱成一个球，在空中停顿一秒钟然后再伸展开，消失在一个小小的蓝色水花中。后来我开始模仿他们的动作。十四岁那年，在代顿的校队里面看起来我表现还不错。我想成为最好的跳水运动员，奥运会也成了我的目标。

我一直相信我一定能赢，因为我在俄亥俄州立大学的教练——麦克派普将我的训练模式规划得非常简单。我每天锻炼三次。每次训练期间，他指导我在做每个动作之前想象：旁边那些空荡荡的观众席坐满了人。即使我第一次跟他训练时，在我的脑海中，观众席人山人海，七个严肃的裁判坐在旁边观察我的动作。在我的脑海中，我每一次都是在坐满的观众席前跳水。不管我有任何失误（在想象中的观众和裁判面前），这个失误一定不会重复出现。并且，我下一次的表现一定会比上一次更好。这样的训练方式让我的思维变得积极且正面。派普教练把它再一次简化。他说："站上去，转个圈，跳下来。"他的思维超前。他还会说："每一次跳水前，在脑海中想象十次。如果有失误，继续！肌肉记忆是关键。重复、重复、重复地做。"

虽然在底特律的奥运选举赛上，大家都认为我在未来可以赢得冠军，但是在之后的比赛中，我的脚碰到了跳板，来自南加州大学的盖里·托比安以精彩的表现打败了我，因此我在罗马获得了第二名。在那么多的辛苦训练后，在得到父亲那么多的支持和鼓励后，在体育杂志评论我为世界最佳跳水运动员后，第二名对我来说是致命的打击。上帝知道父亲有多希望我把那枚金牌带回家，那会是对我最好的鼓励，但我只是第二名。我不能猜测父亲的反应，我不知道他会在泳池边对我说些什么。出乎我意料的是，他在泳池边给了我一个大大的拥抱，并在我耳边说："我太为你骄傲了！"然后他拥抱盖里·托比安，眼里含满泪水。这个时候，我知道，无论我的名次是什么，参加奥运会的经历是我宝贵的财富。

当我站在颁奖台上，星条旗在我的头顶飘荡，国歌响起，我非常激动。从此之后，每当我在电视上看奥运仪式时，眼睛里总有泪光。1960年的奥运会让我之后的人生都充满着激情和挑战。与全世界最好的运动员竞赛，认识来自欧洲、南美洲、亚洲和非洲的朋友——这些记忆在我脑海中永存。我希望接下来的人生都像这样充实又充满激情。

山姆的教练思维超前。他通过想象的力量来帮助山姆成为冠军。爸爸在为无舵雪橇训练时也用同样的方式。即使他每天只能滑五到六次，但他在脑海中训练了上百次。如果你重复地在脑海中想象希望发生的场景，你会让它成为现实。

凯瑟琳·贾斯奥是奥运会奖牌获得者、《游出水面》的作者和演讲者。凯瑟琳通过定制计划来帮助情绪饮食失调和进食障碍的女性克服困难。

向其他人学习

凯瑟琳·贾希奥　花样游泳　加拿大

2000年悉尼奥运会

1988年，当卡洛琳·沃尔多在首尔奥运会花样游泳项目中获得两枚金牌时，我被她在水中表现的力量和美丽深深吸引。我一次又一次地观看她比赛的录像。卡洛琳在首尔奥运会的胜利在我的心里种下了奥运梦的种子。1997年，在八年的艰苦训练后，我加入了国家A队，并开始和世界顶级的队伍比赛。1999年，为了和队伍一起，我从蒙特利尔——我的家乡搬到了多伦多。

端正的训练态度和强健的体格是我给团队带来的资产。我的缺点是耐力不足，这影响我连续练习四到五个表演后的表现。我从来没有意识到积极地面对自己的短处，对我和我的表现有多大的影响。在咨询体育心理医生后，我开始锻炼自己强大的内心。这就是我成功真正的根基。

1999年，奥运会选拔之前的最后一个大赛是泛美锦标赛。九个队员会被选上，可这其中没有我。这个消息让我震惊又绝望，而我也一直没有培养出过硬的心理承受能力，直到我开始从这个挫折中寻找机会。我想在泛美锦标赛中做一个旁观者也是一个成长的机会。于是，我在比赛中用心观察并记下来关于竞争对手的一点一滴，以找到我能够突破的地方。我把挫败转化成磨炼自我的转折点。不到两个月后，由于在选拔赛表现良好，我获得在悉尼奥运会表演短项目和长项目的位置。我的奥运梦终于近在眼前。

关于奥运会的每份记忆，包括赢得的铜牌，都被我珍藏。在悉尼奥运会之后，我开始为2004年奥运会做准备，但却被长期的抑郁症和饮食失调症打断。十年后，我开心地告诉你，恢复健康的旅程和奥运旅程对我一样重要。在人生各处都能找到“奥运精神”的身影。带着感情、承诺和自律，我相信每个人都能做英雄，打一场属于自己的胜仗，为自己和身边的人创造奇迹。

凯瑟琳因为对自己太严格而无法发挥到最好。幸运的是，她能够和体育心理医生一起创造赢者思维，渡过难关。凯瑟琳利用这个思维实现了她的奥运梦。爸爸总是依靠其他人的知识来帮助自己达到目标。他喜欢说：“如果你要跨越地雷区，最好跟在扫雷专家的身后。”

希望你能够找到帮助你的人。

格雷格·孙在三界冬季奥运会中，代表祖国特立尼达和多巴哥参加连橇项目。他的体育科学硕士学位来自华盛顿州立大学。

夯实基本功

格雷格·孙　连橇　特立尼达和多巴哥

1994年利勒哈默　1998年长野　2002年盐湖城奥运会

1991年，我和朋友来到加拿大，帮助他为一群准备世界锦标赛的连橇运动员开车。这是我第一次去北方。当时的我在爱达荷大学念书，距离卡尔加里车程十个小时。我对加拿大的第一印象就是持续零度以下的天气，这两个星期里，我一直不舒服。在我去租借公司取车的时候，发现所有车子都有插座连着。我心想：难道加拿大的电动车产业那么发达？我问工作人员这个问题，他笑着告诉我，加拿大的温度太低，车子要连着电来避免因为极端冷空气造成的油和引擎被冻结的问题。

“我到底在这里干什么啊？”我问自己，而这仅仅是第一天。坐进车里，我需要做的第一件事就是购买冬天穿的衣服。我的手、脸和脚都被冻得生疼。1998年冬奥会连橇项目举办的地点就在卡尔加里市。我需要等运动员们完成训练再带他们回酒店。我穿着新买的冬衣，摇摇晃晃地走到赛道旁边。除了我的眼睛，身体的其他部位都被包得严严实实。如果我可以不用眼睛就知道自己在哪里，眼睛也会被我包起来。我找到一个平台，看着眼前的赛道。在这个观景台上，我能够看到左手边有个弯道，之后是一个环状。我被眼前的一切惊呆了：直道狭小，弯道锐利，整个场地都被冰覆盖。

我站在一个人的旁边，他说自己是加拿大队的教练。我告诉他我是谁，在这里做什么。说实话，整个对话我讲话都磕磕巴巴的，完全是因为我不愿意解开围巾让冷风吹进来，所以声音都被闷在了嘴边。这样确实不太礼貌。在连橇一个接一个地滑下来时，我被速度所吸引。我站在距离赛道不到一米的地方，觉得伸出手就能碰到它们，连橇在滑道上竖立起来了。十五个连橇之后，为了问问题，我鼓起勇气把脸罩摘下来。这个运动让我好奇。教练给我简单地做了介绍：连橇的结构和这个运动的基本技巧。

我不停地问问题，即使我的手、脚和脸被冻得麻木。四个小时后，我比之前更加好奇。我在赛道的终点等待运动员上车。爱达荷大学男子连橇队的一个队员——克里斯·斯多克是牙买加国家队的运动员，也是我的好朋友。就是他邀请我去卡尔加里，这就是我开始连橇运动的起始点。在那次旅途中，我有机会以制动员的角色滑下赛道。我把头放在膝盖之间，经历了刺激又惊险的重力和速度挑战。在那之后，我决定，坐在后面不是我的追求，我想要坐在前面。

加拿大，亚伯达省，卡尔加里市　1992年

我回到这个在接下来的十五年内被称为“主场赛道”的地方。是时候参加国际连橇/平底雪橇联盟（FIBT）学校了。我决定开始学习操控连橇。不像很多运动要从分解动作和排练开始，连橇要在行动中学习。我将所有器械和装备都准备好了，运动员的目标就是在这个过程中尝试生存，这个星期的经历永远地改变了我的人生。

奥运会年　1993—1994年

作为一个有资格证的连橇运动员，我觉得自己已经准备好了参加第一场竞赛。在为期三天的训练中，我每天要跑两次弯道。第一天的训练

中，我在第四弯道出事故，头撞在了底部，摔倒在第十四弯道。我没能够安全地完成这次训练，真是惊险又尴尬。当然，我的牙买加朋友们帮助我站起来并鼓励我。竞赛委员会谴责我不注意安全。

幸运的是，队长给了我一次机会。他们允许我在女子无舵雪橇的进行赛道额外训练。在一个平静的夜晚之后，我为之后的训练做好了准备。一切顺利，我成功地完成了人生中第一场连橇比赛。在比赛结束后，牙买加的朋友们告诉我，我很有可能获得1994年在挪威利勒哈默尔冬奥会的参赛资格。现在我需要做的就是参加三次比赛，在两个不同的赛道上增加经验，并获得8—10分的积分。

我的下一站是纽约州的普莱西德湖城。在那里，有另外一场噩梦在等着我。这个赛道和卡尔加里不一样：弯道数量、速度和难度都有提升。我在训练的过程中又出了两次意外，但是在竞赛的过程中顺利完成了，并得到我想要的积分。在赛季要结束的时候，因为奥运会即将到来，我唯一的竞赛机会是在意大利的科尔蒂纳丹佩佐。我没有去过欧洲，所以对住宿、行程和赛道状况一无所知。于是，我搜集了充足的信息前往意大利。

科尔蒂的赛道和普莱西德湖的很相似，但是在不同的区域里难度有所增加。我的信心不是很坚定。在意外多发的卡尔加里和普莱西德湖城，我现在只能希望顺利完成竞赛并拿到积分，然后拿到奥运会达标资格。在最后一次训练，我又摔伤了。实际上，我一共摔倒了两次。一次是在一个角落中，连橇压在我身上。当我收拾好继续训练后，一个意料之外的出口吓了我一跳，整个雪橇翻转了过来。我当时唯一的想法就是从冰堆中抽身并躲在引擎罩下面。不幸的是，因为我的失误判断，下一个弯道到达的时候，我彻底地摔了出去。被说着英语、法语、德语和意大利语的人们连番攻击，说我在这里的竞赛不够资格，之后我终于回到酒店。我焦躁不安，辗转难眠，内心有一座大山。我知道明天必须要起来竞赛并证明自己。我确实做到了这点，成功地完成了两次竞赛，并达标了1994年的奥运会。

我一直相信自己。我知道我有取得成功的条件，但是我需要明白自己要做什么，不要做什么。我看到其他成功的人，感觉他们其实和我没有什么不同。我有成功所需的坚韧精神，只需要清楚方法。多年后，我学会了不屈不挠，学会了如何管理压力，学会了如果梦想足够强大，毅力不是问题。有很多人会打击你，但是借助资源和运气，梦想会成真。我在利勒哈默德的比赛一切顺利，并参加了1998年长野和2002年盐湖城冬奥会。牢固的自信、承诺和目标会带领你到达梦想。

格雷格·孙一路跌到了梦想的谷底。他知道自己和其他人没有什么不同。他也知道如果他愿意付出代价并夯实基本功，他能够学会如何驾驶连橇。爸爸总是告诉我们，做什么事情，刚刚开始都是最困难的。我们只要坚持下去并把基本的技巧和知识掌握好，一切就会慢慢变得简单。做格雷格所做的。永不放弃，夯实基本功，实现梦想。

达夫·吉布森是加拿大第一个雪橇运动的金牌获得者。在得奖那年，他三十九岁。他是当时年纪最大的冬奥会个人金牌获得者纪录保持者。吉布森的家庭在国际和本地竞赛中一直很活跃：他的父亲是加拿大轻量级柔道冠军，他的叔叔在1984年洛杉矶奥运会代表加拿大出战赛艇运动。达夫现在是加拿大国家队的雪橇队教练。

运用你的优势

达夫·吉布森　雪橇运动　加拿大

2002年盐湖城　2006年托里诺奥运会

十岁那年，我开始梦想参加奥运会比赛。我的“燃点”是1976年蒙特利尔奥运会。当时观看的项目，有些我现在都还记得。比如，娜迪亚·科马内奇在体操项目中的完美得分和布鲁斯·詹纳在十项全能中得到的冠军。无论是什么原因，那几个星期给我带来了魔法般的效应。我不在乎参加什么项目，我只知道我想成为其中的一员。

我需要克服的最大障碍其实是找到最适合自己的运动。我参加摔跤、赛艇、速度滑冰、连橇的国家级竞赛。我甚至在国际赛事中比赛连橇，直到我意识到雪橇运动最适合我。雪橇运动是我最擅长的运动，虽然找到适合自己的项目花了很多时间，但是我认为让我有毅力坚持下来的原因是我热爱自己做的事情。我热爱竞赛，并时时刻刻尝试做到更好。在这个历程中，我一直在做自己热爱做的事情。

参加奥运会和赢得比赛的感觉都和我想象得不一样。除了因为我努力训练，达到毕生目标带来的轻松和满足外，我意识到自己的人生其实没有太大改变。对我重要的东西在比赛之前和之后完全一样。那句陈词滥调“人生是一个旅程而不是终点”对我来说是真实的。

达夫知道自己想要在奥运会中竞赛。什么项目对他来说并不重要。他只是想要成为一个奥运选手。他尝试了很多不同的运动，直到他遇到属于他的项目。这个项目正符合他的优势。通过找到适合自己的运动，

达夫不仅仅成为奥运选手，还成了奥运冠军。爸爸的优势是他的毅力。他选择无舵雪橇因为他知道世界上有太多轻易放弃的人，但是他不是其中一员。找到你的优势并运用它来追寻梦想吧！

你要像训练身体一样训练精神。

——布鲁斯·詹纳

1972，1976 十项全能

乔纳森·爱德华兹在1994年利勒哈默奥运会参加了双重雪橇的比赛。乔纳森帮助爸爸为2010年温哥华冬奥会做准备，他还帮助爸爸在2002年盐湖城奥运会的时候把雪橇修好，让爸爸准时上场。乔纳森特别有意思，我们都喜欢他在加拿大的家中拜访我们。除此之外，乔纳森还是世界级长曲棍球守门员教练，他在卡尔加里经营自己的家具店。

书籍的力量

乔纳森·爱德华兹　无舵雪橇　美国

1994年利勒哈默奥运会

我的奥运梦开始于1988年。当时我被邀请去纽约普莱西德湖城参加一个无舵雪橇训练营。1984年的时候，十岁半的我曾经玩过滑板车——你可以将它理解为装着轮子的无舵雪橇。1987年，我参加了一个全国性的训练营。当卡尔加里奥运会举行的时候，我刚好在普莱西德湖城（上一届奥运会的举办城）的奥运村居住。

奥运梦并非在一个特定的时刻出现在我的人生里的。我记得1992年与长曲棍球奥运队失之交臂时，我对自己说："我再也不会把自己的奥运梦寄托在那群教练手上。"即使我不能参加，我还是去观看了阿尔贝维尔奥运会的开幕式和一些比赛。在看开幕式时我心想："这些比我参加的那些大学长曲棍球比赛厉害多了。"在那时候，我决定放弃长曲棍球的训练，专注于1994年冬奥会。

如果要我描述奥运梦途中最大的挑战，大概就是奥运会结束后，我决定从无舵雪橇中退役吧。你看，没有人教我在梦想成真后怎么办。有梦想是好事，但是一个梦想并不是你的终点站，而是更大梦想的起点。很多我的朋友和家人都告诉我没有比参加奥运会更加有价值的经历。其他东西没有可比性，这就像是告诉我："你的人生从现在开始走下坡路。"说实话，这感觉并不太好。

追寻新梦想

我花了很久时间才跨越这个障碍，大概在十二年到十五年后，我终于意识到这不是真相。你要知道，波浪不会驱动船；引擎才能驱动船。作为这艘船的船长，可以转换方向来指引引擎前往你想去的方向。

我现在用这种方式来看待我的人生。奥运会是我人生众多目标中的一个。人们觉得奥运选手是因为不同的遗传基因，才可以获得胜利。我不同意这个观点。前往奥运会的路上我们都付出了很多努力，但其中也有很多乐趣。我可以说，在日常生活中，很多工作繁忙的单身妈妈在抚养孩子的过程中比很多奥运选手要努力。这只是不同的道路。作为奥运选手，我们的艰苦带领我们走向世界的舞台，但过程是一样的。

奥运会结束后，我期待人生中更多的挑战。奥运会不是我唯一的梦想，但那是一个独特的体验和成就，它也促使我往前走并做更伟大的事情。我现在居住在卡尔加里，一个我十五岁那年爱上的城市。我有两个孩子，他们日常受到的挑战比任何一个奥运选手的还要大！我有自己的事业，这让我可以自由安排时间，以做我热爱的事情。

我是如何在奥运会之后突破这些挑战的呢？我读书，我阅读很多书。我的意思是，我读很多书。我的床头柜上面堆满了书籍、杂志及我从网络上打印出来的报告。如果我们在人生中遇到任何挫折，其实只需要一点额外的信息就能帮助我们成长。我们如何得到这些信息呢？通过阅读。我从来不知道哪些阅读资料会改变我的人生。但我能做到的就是无时无刻地阅读，吸取知识。当我们这么做，我们便开始改变自己的人生。

我的人生中每天都充满了机会。对于很多人来说，他们的人生不是这样的。他们觉得自己没有选择。人生对其他人来说那么轻松，对他们来说却如此艰难。可这都是胡说八道。当你开始阅读，并发现其他人将同样的困难和艰辛一一克服，你就会开始明白如何克服属于自己的困难。如果你阅读，你就会有更多属于自己的解决方式，如果你有解决方式，你就可以度过任何难关。

也许我爸爸和乔纳森成为好朋友的原因是他们都喜欢阅读。在我的记忆中，爸爸妈妈给我和弟弟读了很多故事书。我们家的所有人都热爱阅读。我们家里到处都是书架，各个角落都是堆满书的篮子。有些时候爸爸妈妈告诉我们吃饭的时候不能看书。但是看书多有意思啊！你可以从书中学到很多有趣的知识。乔纳森不担心生活中的挑战，因为他知道他能够在书籍中找到答案。明白这一点，你将会充满信心。

如果你觉得要倒下了，那么你还有40%的力量。

——劳伦·卡莱多

2012 曲棍球

第三部分 下定决心

斯考特·汉密尔顿是1980年普莱西德湖城冬奥会美国队开幕式旗手。当我爸爸二十一岁的时候，他见证了斯考特·汉密尔顿在1984年萨拉热窝冬奥会夺冠。斯考特·汉密尔顿的竞赛激发了爸爸想要成为奥运选手的梦想。现在，斯考特·汉密尔顿是一个花样滑冰分析员和职业演讲者。

做其他人不愿意做的事情

斯考特·汉密尔顿　花样滑冰　美国

1980年普莱西德湖城　1984年萨拉热窝奥运会

当我九岁开始学习滑冰的那年，我绝对没有想到自己有一天能达到参加奥运比赛的水平。

我开始滑冰是因为我家附近开了一个溜冰场。我的父母想要留点时间给自己，因此我学滑冰时，他们正好可以得到放松。

在那之前，我多数时间在医院度过。父母已经对我这个领养来的并且体弱多病的孩子尽了最大的责任。

我每个星期六早上的训练给了他们机会休息。

母亲对我开始滑冰这件事非常激动。我每通过一个测试或得到一个奖牌，她都会在小区里大张旗鼓地带着我转一圈。她会说："他成绩非常好，通过了这次测试。"或者"他轻轻松松地赢了这场比赛。"

即使有这些小小的成就，我还是一个后进生。只是她看不到这一点。

在1977年5月，她去世后，我决定要成为她心中的那个我，她理想中的那个我。

1977年我在全世界排名第九。距离1980年奥运队还有一段距离，我的梦想似乎很难实现了。

决定比任何人都要努力

这并没有阻止我停下来。每一次训练，每一个脚步，我都带着母亲一起。我学会新的跳跃，更快地旋转，每一次练习，每一次表演，都有充分的准备，表现得比以前更好。

我认识到以前没有成功的原因。

我也发现在我滑冰生涯的前期，我没有想过要比竞争对手更努力地训练和学习。他们总是比我更加认真。

现在我比他们更有决心，更专注，更愿意做其他人不愿意做的事情。

1978年，我在世界锦标赛排名第三，并顺利进入世界花样滑冰队。

进入世界锦标赛队伍的程序和进入美国奥运队是一样的，于是这个成就，让我成为在奥运队选拔赛中优先考虑的队员。

在1979年一次受伤带来的顿挫后，1980年，我重新回到世界第三的排名，也顺利地成为1980年美国奥运队的一员。

直到今天，我坚信我在花样滑冰中取得的每一项成绩，都是因为我从不妥协，也从来不放弃。

如果你想成为一个奥运选手，你也许会需要一定的运气。你也许会需要有适合某个项目的体型。但是，最重要的是，你需要做你的竞争对手不愿意做的事情。

更努力地训练。

更巧妙地训练。

不要把宝贵的时间花在分散你注意力的事情上。

但是要玩得开心。

如果你热爱你的职业，你便不觉得是在工作了。

承诺、重复、热爱你的运动、尊重你的教练。

这些都在成功的体育事业中占重要的作用。

但是渗漏效应也存在，你要把自己放在正确的位置上。

因为我独特的病史、家庭条件和决心，我被美国奥组委选中在1980年开幕式上担任旗手。

这个记忆到现在还会让我浑身激动！

四年后在萨拉热窝，我赢得金牌。

颁奖仪式上，美国国歌响起时，我回想起所有让我的奥运经历变得美好的人和事。

其中，最难忘的是我的母亲。

弟弟和我是柔道选手。我们有幸在科罗拉多河城奥运训练中心得到埃迪·历迪的训练，他是1984年洛杉矶奥运会铜牌得主。埃迪教练告诉我们，如果玩得开心，努力训练的话，我们的水平就能够提升，赢得竞赛。我爸爸认为努力训练要比赢得竞赛更重要。在我们家里，做事情最重要的就是努力和坚持。

文斯·普善提在1992年阿尔贝维尔奥运会上参加速度滑冰项目竞赛。现在，他是一名畅销书作家和职业演讲者。

为梦想承诺

文斯·普善提　速度滑冰　加拿大

1992年阿尔贝维尔奥运会

电视上在播奥运会开幕式。我被迷住了。成为一名奥运选手难道不是一件很酷的事情吗？但是，十四岁的我对于内心这小小的火苗没有做出任何行动。

十六岁的时候，我在英联邦运动会的开幕式上，完全忘记了酷不酷这码事。我尖叫着为运动员们欢呼："我爱你们！我爱你们！我爱你们！"但是，我还是什么事情都没做。我的奥运梦越变越小，因为我缺乏达到奥运会或任何有意义的目标所需要的品质——承诺。

二十一岁那年，我作为摄影师加入加拿大国家摔跤队，和运动员们一起去布里斯班参加英联邦运动会。所有人都以为我也是摔跤运动员。我没有纠正他们。在出境的时候，海关人员看到我的运动签证眼前一亮。

"你来澳大利亚参加联邦运动会吗？"他问我。

"是的。"我回答，内心的一个小小的声音在提醒着我。

"哥们儿，你的项目是什么啊？"他给我一个大大的微笑。

"摔跤。"我有些尴尬地回答。

"你赢了吗？"他问。

"没有啊。"我谦逊地回答。

"那你的名次是什么啊？"他的眼神里闪着真挚的同情。

我脑子一片空白，终于勉强地说："第四名。"

接下来，他做了一件让我意想不到的事情。他从窗口后面走了出来，把两只手放在我的肩膀上说："哥们儿，第四名挺好的。我不认识你都会为你感到骄傲。"他确保我能听清每一个字，继续说，"你的国家为你骄傲，你的父母为你骄傲。"

我没有被揭穿，但是那个瞬间我做了一个决定。我再也不会说一些我没有做到的事情。

二十二岁的我开始参加无舵雪橇的比赛。当国家队教练批评我时，我退出了训练。四年后，带着卡尔加里冬奥会开幕式的门票，我意识到我犯下了一个人生最大的错误，以致那些曾和我一起比赛的朋友们踏步进入会场时，我却只能拿着门票在站台上看他们。

我最痛苦的挣扎不在二十六到三十岁为速度滑冰训练的那些年，而是十四到二十六岁做不下承诺的那些年。

当我在1992年和加拿大国家队走进阿尔贝维尔开幕式的时候，我实现了那个因为恐惧和愚昧而被忽视的奥运梦。做下承诺是迈向梦想最重要的一步。

爸爸说承诺是向自己保证，会做所有帮助自己把梦想转化为现实的事情。没有借口。专注于你的每一个行动，即使你不想做。当我说服爸爸妈妈让我养一只小狗的时候，我做下了承诺。我那两年有100%的专注。我成功了！我得到了一只小狗。为自己的梦想承诺并努力坚持。承诺会带你走向成功。

你可以把人生一步一步地计划好，但是当行动开始时，所有的一切都会依靠你的直觉，也就是你的训练。这就是你努力的见证。如果你在黑暗的清晨中偷懒，大家现在都能在现在的强光灯下看到。

——乔·弗雷泽

1968 拳击

埃迪·历迪是我和我弟弟的柔道教练，在科罗拉多河城奥运训练中心。他真的在乎我们的表现。柔道是一个辛苦的运动，但是好的教练会让训练充满乐趣。因为有这么一个优秀的教练，我心存感激。历迪教练在美国柔道组织担任项目主管。他创建计划帮助运动员进入奥林匹克队，并帮助运动员和教练成为最好的自己。

保持航线

埃迪·历迪　柔道　美国

1984年洛杉矶奥运会

我的父母都是柔道的黑带。我爸爸是纽约市的警察，放学后，爸爸教附近的孩子柔道，并教给他们如何保持自律和其他人生道理。

我和其他的孩子一样从小就学习柔道，唯一的区别是我的第一个教练是我的老爸。我在高中的时候停止了柔道的训练，参加更加受欢迎的体育运动，比如说篮球。我爸爸说服我回归柔道并让我开始帮忙教小朋友一些关于柔道的课程。他通过提高零花钱来诱惑我做这件事，所以我也没有办法拒绝。

我时不时地参加比赛。幸运的是，我碰巧参加了坎伯兰学院举行的柔道锦标赛。坎伯兰学院给予我半额奖学金去他们学校上课，并加入学院柔道队。跟很多年轻人一样，我从小观看奥运会，并梦想有一天也能成为奥运队的一员。大一那年，我终于意识到这个梦想多么强烈，只要有一线机会加入奥运队，可以竞逐奖牌，我就会抓住。可在第一次参加世界锦标赛后，我才发现实现这个梦想有多难。

我在前往奥运会最大的障碍是财务方面的，我需要了解这项运动。在我前往巴黎第一次参加世界锦标赛之前，我认为自己对这项运动很熟悉。但是回来的路上，我明白，如果我想达到目标，需要更努力。但是只要我保持航线，就一定能到达。保持航线是非常重要的一点，很多人有天赋，但是只有其中的一小部分的人拥有足够的能力来展开行动。

在奥运会比赛并赢得铜牌是对我终极的奖赏。那种感受是放松和满足的融合。我总是将它形容为死亡并上天堂的感觉。比赛的最后三十秒钟就像是慢动作一般，直到计时器响了，我才重回现实。能够跟我的家庭一起分享这种快乐，我很感恩。他们一路上都在支持着我。虽然这过程充满艰辛，但过程是值得的。

埃迪教练从小就练习柔道，但是在高中的时候为了其他运动放弃了。埃迪的爸爸说服他重新学习并拿到了奖学金。这些决定引导他走向世锦赛和奥运会比赛。埃迪的成功关键是保持航线。在柔道训练足够的时间，通过学习技巧和手法来达到成功。现在，埃迪教练正把柔道的艺术和理念传递下一代。

艾琳·科帕罗帕是来自巴拿马的一名自由泳运动员。她在泛美运动会中赢得了五十米自由泳项目的银牌和铜牌。艾琳的外号是“La Sirena de Oro”，意思是金色的美人鱼。艾琳毕业于奥本大学并在T-Mobile企业做一名供应链经理。

专注于梦想

艾琳·科帕罗帕　游泳　巴拿马

1996年亚特兰大　2000年悉尼　2004年雅典奥运会

在1996年亚特兰大、2000年悉尼和2004年雅典奥运会上，我参加了五十和一百米自由泳的比赛。我第一次参赛是十五岁，并荣幸地在三次奥运会中都被选为开幕式旗手。

我在奥运会训练中经历了很多挫折。最痛苦的两个是离开家人和参加2000年奥运会之前的伤病。

1996年奥运会后，我高中毕业并搬去美国训练，为2000年奥运会达标做准备。这意味着我要离开家人，不能和他们一起过各种节日。

对于当时十七岁的我来说，必须要保持内心强大，和思乡之情做斗争并专注于目标。在2000年悉尼奥运会开始两个月前，我生了一场病，需要休息三个星期。在那三个星期里，我需要学会如何保持体能和状态，对尽在眼前的梦想保持专注。

我觉得如果你有一个梦想，保持专注是困难的，因为总是有你不能控制的事情发生。我专注于学习，不让那些外在的条件分散我的注意力；我学会不放弃，并把家人当作我强大的精神支柱。

回头看，我发现我在1996年和2000年奥运会都有着各种障碍。但是，在2004年奥运会时，我明白这是我最后一次为祖国贡献的机会。我一路过关斩将，到达半决赛，并成为国内第一个取得这样成绩的女性。这是一个难以想象和解释的感觉——当你终于可以说："我做到了！"我的目标是永远为我的家人和祖国感到自豪。在2004年奥运会后，我终于可以说，我实现并超越了这个目标。

艾琳年轻的时候就离开了家人，并要学会专注于自己的目标。就像艾琳所说，有些时候保持专注是很困难的事情。爸爸把有关他梦想的照片贴满了他的办公室，来帮助他专注于目标。爸爸说梦想会给你力量和勇气，来克服那些避免不了的困难，所以你需要时时刻刻盯着目标，才能获得力量。如果你专注于自己的梦想，那么梦想会给你力量，带你实现目标。

我厌恶训练的每一分钟，但是我说：“不要放弃。现在承受痛苦，余生是冠军。”

——穆罕默德·阿里

1960 拳击

克里斯提娜·格洛夫斯是加拿大最成功的速度滑冰运动员之一。她赢得了许多世界锦标赛、世界杯赛的冠军和四枚奥运奖牌。克里斯提娜毕业于卡尔加里大学人体运动学系。现在的她是一名职业演讲家，运动专家，CBS电视台运动分析员和环境保护支持者。

全神贯注

克里斯提娜·格洛夫斯　速度滑冰　加拿大

2002年盐湖城　2006年多伦多　2010年温哥华奥运会

奥运会在1988年来到卡尔加里时，第一次点燃了我的奥运梦。最初，我被火炬接力跑所吸引，我想拿着火炬在加拿大奔跑，见证这一神圣的时刻。我在一个加油站里填写火炬手申请表格，并祈祷我被选中。我被火炬接力跑激励，拿着一个锤子围着家乡的泥巴路跑来跑去，假装手里拿着的是火炬。我当时只有十一岁，并没有被选为火炬手，但是我对奥运会开始好奇。每当电视里播放关于奥运会的内容时，我就会全神贯注地收看。

这也是我最终爱上速度滑冰这一项运动的原因：观看传奇滑雪运动员盖坦·鲍彻在决赛的表现。虽然他没有赢得比赛，但是他的比赛激发了我对这项运动的热情。我也想开始尝试这项运动。我在家乡渥太华市找到了一个速度滑冰俱乐部并一直坚持了下来。你也要相信我在温哥华奥运会开始之前，握住了心心念念的火炬并完成了我的梦想。

进步是永恒的目标

我年轻的时候对速度滑冰这项运动不是很擅长。我身形瘦小，力气又小。因此在那几年没有赢得多少比赛，但是因为两个原因，我觉得自己很幸运。首先，当时没有很多女孩参加速度滑冰这个项目，所以即使我的成绩不好，名次还不算太差。而且，我热爱这项运动。我对我的奥运梦有信心。从第一天开始，我的梦想就是参加奥运会。即使很多人认为，这个梦想一点儿都不现实。但选择我坚持下去，因为我享受这项运动，我也享受所遇到的挑战。

我觉得在前往奥运会的一路，我最大的障碍是加快速度，我必须要在每一场比赛中不断积累，并将得到的教训经验内化，成为下一场比赛的养分。进步是永恒的目标。这是一个挑战，因为提升是一个漫长的过程。从我开始在世界杯比赛后，我花了七年才拿到我的第一枚世界杯奖牌。我在二十七岁赢得第一枚世界杯奖牌，在二十九岁赢得第一枚奥运会奖牌。我需要学会有耐心并努力工作，才到达这样的成就。但是，所有的一切到最后都是值得的。

一个接一个的梦想

从达标奥运会到赢得奥运会奖牌是一个奇妙的经历，无论你训练得多么辛苦，都不会保证成功。所以，在短短的一天内梦想成真，成就感是不能形容的，因为这确实是一件困难的事情。这种感受非常精彩，但是我迅速地意识到如果我想继续成长并往前走，始终要放下这种感觉，即使它会在我的心中长存。

我享受站在领奖台的时刻，但是我一直都会继续寻找和专注于下一个更大、更困难的挑战。我不会沉湎在过去的荣光之中。我记得比赛的瞬间，而不仅仅是领奖的瞬间。我知道，对于我来说，经历是最好的奖赏。

克里斯提娜在这项运动中用足够的时间来学会基础并提升水平。她不断尝试的耐心和态度让她取得了今天的成就。爸爸总说一夜成功是不

可能的事情。你需要和自己打赢很多的胜仗，才可以在大家眼中取得胜利。坚持不懈，提高水平，像克里斯提娜那样培养耐心，有一天你也会赢得属于你的胜仗。

斗争。每个人都可以在感觉好的时候坚持。当你在伤痛中还能继续斗争，那才是真正的改变。

——艾琳·卡发洛

2008 划船

第四部分
行动起来

珍妮特·埃文斯被誉为最伟大的女子长距离泳将。她参加了1988年首尔、1992年巴塞罗那和1996年亚特兰大奥运会。她的四百米自由泳世界纪录保持了十八年、一千五百米自由泳世界纪录保持了十九年、八百米的世界纪录至今没有人能够突破。现在的珍妮特是一名发言人、职业演讲家和电视主持人。

长远思考

珍妮特·埃文斯　游泳　美国

1988年首尔　1992年巴塞罗那　1996年亚特兰大奥运会

当我在现场观看1984年奥运会开幕式时，我第一次梦想参加奥运会。我当时就决定我会尽自己所有的力量，做所有能够做的事情，以实现参加1988年奥运会游泳竞赛的梦想。

我追逐奥运梦的途中最大的挑战就是学会放弃即时的享受，来争取未来的成就。比如说，我每天早上要四点半起床参加游泳训练。有些时候，温暖的被窝比在冰冷的泳池中游近十千米要诱惑得多。但是我知道睡觉只是即时的享受，而我最终的梦想，或者未来的成就是在奥运会中游泳。所以，我每天都爬起来赶往泳池，我每天都尽力地训练，变得更好。

当我最终实现梦想时，一切都感觉不真实。这是一个奇妙的感受。当我第一次在奥运泳池中比赛时，我知道最重要的事情是相信自己，为梦想努力训练，并克服那些困难的日子（比如说特别累的早上！）。你能够成为你梦想中的自己!

爸爸给我们讲过一个故事：当他为奥运会训练时，有人给他一块巧克力蛋糕。爸爸问自己：“我想要这块蛋糕还是想要去奥运会？”他说这个选择非常简单，因为他实在是太想去奥运会了。如果你实现到你的梦想，像珍妮特·埃文斯所说。放开即时的享受并专注于未来的成就。

艾里·布雷默竞赛于2008年参加北京奥运会现代五项全能项目。现代五项全能运动由“现代奥林匹克之父”法国人顾拜旦先生发起创立。这五项包括马术、游泳、跑步、射击和击剑。艾里毕业于美国空军学院和科罗拉多大学。现在的艾里是一个企业家、生意人和职业演讲家，还曾为NBC体育做过评论员。

比竞争对手更加努力

艾里·布雷默　现代五项全能　美国

2008年北京奥运会

在我四岁那年，我和妈妈一起前往科罗拉多河城机场。当我们上飞机时，有个人穿着一身田径运动服和我们坐一排，他刚刚结束奥林匹克节的射击项目。在航程结束时，他把奥林匹克节的棒球帽送了给我。在接下来的两年内，我时时刻刻都戴着那顶帽子，那就是我奥运梦的开端。

我需要克服的最大困难就是缺乏天赋。当我年轻的时候，我是你能想象的最糟糕的运动员。其他小朋友挑选队友的时候都最后一个挑选我，不是因为他们轻视我，而是因为我真的不能贡献什么。我去参加当地游泳队的选拔，去了三次他们才勉强接受我，而那是一支很一般的队伍。五年的游泳训练后，父母建议我退出，并把时间放在学钢琴上，因为我的表现实在是太差了。幸运的是，他们支持我放弃学钢琴的决定。几年后表明，这个决定是正确的，我也开始成为一个好的运动员。因为我的天赋不足，我做什么事情都要更加努力，这其实不是一件坏事。我意识到努力可以克服天赋。当我多年后开始进入五项全能时，这个思维一直在帮助我。

走进奥运开幕式的感觉真是太棒了！我走在队伍偏后的位置，所以我能够看到美国队巨大的队伍。在美国队进入鸟巢时，全场的观众都在大喊：“USA！USA！USA！”音量之大，我都担心整个体育场被震塌。这个瞬间是那么真实而神奇。

艾里通过多年的努力训练克服了缺乏的体育能力。他有耐心并明白每一点点进步都值得更多小时的辛苦。通过努力的工作和无穷的耐心，实现他的奥运梦。庆祝每个小进步并专注于梦想，尽可能地努力工作你也可以做到！

我一直相信：如果你足够努力，结果会到来。

——迈克尔·乔丹

1996 篮球

丹·布莱顿在2000年和2004年奥运会参加沙滩排球比赛。现在，丹是一名体育播音员和沙滩排球解说员，也是一名职业演讲家。

辛苦是值得的

丹·布莱顿　沙滩排球　美国

2000年悉尼　2004年雅典奥运会

我第一次在电视上看奥运会的时候，还很年轻。观看冬季奥运会的时候，我一心希望自己在那里比赛，只是不知道应该参与什么项目。通往梦想的路途有很多条，你必须找到适合你的方向。

小时候的我参与了各种各样的体育运动——篮球，足球，棒球，排球，等等。从我十岁开始，每个暑假我都会和我的哥哥弟弟们在拉古纳沙滩——我们出生的地方打排球。

高中时我把精力都投入在了练习篮球和排球上，我也热爱这两项运动。我在高中毕业之际，收到了来自南加州大学、斯坦福大学、加州大学洛杉矶分校和佩珀代因大学的录取通知书及奖学金。

因为教练、学术环境、地理位置和排球传统，我选择了佩珀代因大学。1992年，我带领排球队夺得全国冠军，并在1994年获得管理学学士学位。大学毕业后，我开始打职业排球。当时沙滩排球还不是一项奥林匹克运动，所以我渐渐放弃了奥运梦。也就在那年，沙滩排球成为一项奥运运动，所以我的梦想又一次有了可能。

我决定追求自己的梦想。 我将目光投向2000年，并在世界各地接受了训练，以获得参加奥运会的比赛资格。

在前往奥运途中有很多达标赛。整个过程就是一个巨大的挑战。

2000年8月，在奥运会前最后一场达标赛中，我的队伍必须要在全世界排名前四才能有机会加入奥运队。当我的搭档艾力克·夫诺莫阿那和我在比利时举行的达标赛中排名第三时，我们的心已经飘向了悉尼。

即使这一路充满艰辛，奥运会却是值得我们努力的。当我沉浸在奥运村和开幕式的气氛中，我能够感受到在世界舞台上代表国家的骄傲感。

在总决赛打败巴西队是我职业生涯的一大亮点。所有的艰辛；所有那些不想上场却强迫自己的日子；所有的自律；所有的训练……所有的一切在我站上领奖台并感受到金牌在我脖子上的重量时，都是值得的。我们站在世界的巅峰。

达到目标的方式有很多，但是你需要很努力和专注力才行。丹需要从篮球和沙滩排球之间选择。他做出了他的选择，在全世界接受训练并赢得了金牌。就像他所说：“辛苦都是值得的。”

西蒙·雅克曾参加澳大利亚竞赛中的撑竿跳高项目，他是澳大利亚和英联邦运动会的冠军也是撑竿跳高的纪录保持者。现在他居住于加州，担任Predixion软件公司的CEO。当我们开始为这本书收集故事时，西蒙帮助我们认识了很多夏季奥运会的运动员。

在我十一岁那年，我的继父带我看一部关于1976年奥运会的电影。这部电影描述了很多激动人心的奥运故事，我的奥运梦也随之诞生。

问题是，我在体育方面并不是很在行，绝对不能到达奥运水平。但是，我对于奥运会惊人的幻想和在从那天起付出的努力，把我带到了今天。

我在澳大利亚长大并爱上了撑竿跳高这项运动。虽然我的水平一般，但我知道撑竿跳高就是属于我的运动。不幸的是，澳大利亚最好的撑竿跳高运动员也不能够达标奥运会。

找最好的老师

我决定搬去世界上最好的撑竿跳高运动员的居住地——美国。我申请美国大学奖学金项目，这样我才能变得越来越好。这个计划成功了。我从水平一般的运动员成为世界上数一数二的运动员。我成为澳大利亚和英联邦运动会的冠军。当我代表澳大利亚参加奥运会时，我成为十六年以来第一个达标的澳大利亚运动员。我在1992和1996年竞赛，在十一岁的时候，没有人能够想象到我将来会成为一个专业运动员。

我最大的挑战来自祖国当时的情况。当澳大利亚的资源不能帮助我成为世界级运动员时，我知道我必须做出改变。我明白最好的选择是搬到美国，却不知道如何开始这个旅程。这个突破来自1985年澳大利亚青年队在美国的巡游赛。我见到了优秀的美国运动员（我现在居住于加州）。更幸运的是，通过那次巡游赛，我收到了一份所有提供田径奖学金的大学清单。我给三十七所大学写信并收到了几封回信。三十七所大学中的两所大学录取了我并提供奖学金和书本费。就这样，我带着奥运梦搬到了美国。在我到达美国后，我尽自己所能来训练和比赛。在短短的五年内，我的纪录从五米一提高到了五米六，打破了所有美国和澳大利亚的大学记录，并达标澳大利亚奥运队。我梦想成真，也突破了最大的挑战。

在奥运会竞赛对我来说是享受。我在这个世界舞台上和我所有的偶像一同表现。我环游世界并被誉为是最高级别的运动员之一。回头看，我的职业生涯中充满了骄傲，因为我实现了没有人认为我可以实现的梦想。

西蒙知道如果他想成为世界顶级的撑竿跳高运动员，他需要搬到美国，在顶级的教练手下训练。就像爸爸经常说的："如果你要跨越雷区，最好跟在扫雷专家的身后。"当爸爸决定参加无舵雪橇项目时，他住在又热又潮湿的休斯敦。那怎么办呢？他搬去了纽约州的普莱西德湖城，跟随最好的教练学习。

爸爸在2002年的时候开始演讲生涯，他做的第一件事情就是找到一个有经验的演讲家作为他的导师。爸爸每个星期开车四十五分钟，带我和弟弟去一个国家级柔道导师参加训练。爸爸说如果我们能够被大师教导，所有时间都是值得的。尽你所能地找到最好的导师，你能够更快地达成目标和梦想。

芭芭拉·希金斯参加了1984年于洛杉矶举办的夏季奥运会。她本科毕业于佛罗里达大学企业管理系，并在迈阿密大学获得法学博士学位。芭芭拉是Asta的总裁，该公司通过会计和财务流程对小企业进行帮助。现在芭芭拉居住于旧金山。

不计代价

芭芭拉·希金斯　击剑　巴拿马

1984洛杉矶奥运会

我从小就很好强。从我记事开始，无论做什么，我都想要做到最好。在我的体育生涯中，特别是作为一个击剑运动员，参加奥运会就是一个顺其自然的目标。当几个在奥运会比赛的朋友对我说我有参加奥运会的潜能时，我把这些话记在了脑海里。

对我来说最大的挑战是在工作的同时抽出时间训练。1980年我的状态最好，我在大学训练，但是巴拿马跟随了美国的步伐联名抵制莫斯科奥运会。在1983年的时候我需要重新振作精神，因为我当时已经从法学院毕业，不能够享受大学期间免费的训练，我不仅仅要支付租金，还要为训练和旅行费用做预算，因为参加不同地区的锦标赛非常重要。于是，我找到了一份全职工作。

在比赛前一年，我的日程表是这样的：五点半起床，六点到六点半跑步，或者进行力量训练，早上九点到下午五点我坐火车去上班。接下来我再坐一个小时的火车去进行从六点半到九点的击剑训练。跟朋友坐车回家后，十点或十点半睡觉，我的周末充满了各种锦标赛和训练的奔波。

你需要有对事业的热情，不惧怕失败的态度和一个强大的支持系统来帮助你成功。这种态度在我做生意时也给了我巨大的帮助。

无论如何也要完成！我的教练说，对赢家来说，借口从不存在。

加入1984年的奥运队伍是一个非凡的体验，它也给我的人生带来意想不到的影响。这些经历至今帮助我达到目标。

芭芭拉专注于她的奥运梦想，多年来执行严格的时刻表来追寻奥运梦。每天不懈地坚持，周末则为锦标赛奔波。爸爸告诉我们，如果你能为你的梦想不计代价地努力，成功总会到来。

如果你想在人生中有所成就，唯一的方式就是努力工作。无论你是音乐家、作家、运动员还是生意我，你都不能偷懒。如果你去做，你就能赢。如果你偷懒，你就会输。

——布鲁斯·詹纳

1972，1976 十项全能

大卫·吉姆斯在射击比赛中连续两次夺得世界锦标赛冠军，并在1980年成为美国奥运代表队的一员。现在他是一名射击教练和很多优秀射击运动员的导师。

没有付出，没有回报

大卫·吉姆斯　射击　美国

1980年莫斯科奥运会

1963年11月20号，我在大学毕业后的第一家公司上班。那天我听到了一个糟糕的消息——肯尼迪总统被暗杀。当我下班回到家，我收到了一封来自政府的信。信上写：“总统向你问好。你被召入军队。”

我给美国陆军射击部队写信申请入伍，由于我在全美大学生射击比赛中拿过两次冠军，因此被幸运地选中了。在1964年奥运会上，我完成了第一个试验赛。

三十五年过后的2009年，我为好莱坞高中青年后备军官训练队讲课已经三年了。我的好朋友刚刚检查出罹患癌症，需要截去右侧肩膀。他希望我在手术后训练他的另外一只肩膀来射击。

卡洛伊·塔卡斯，一个来自匈牙利的速射运动员。由于一个手榴弹在军事演习时提前引爆，他右肩膀的一部分被炸飞。卡洛伊没有放弃他的奥运梦想，并学会用左手射击，他非常努力地训练并赢得两个奥运冠军，打破世界和奥运纪录。

我开始了解卡洛伊的故事，并从中找到了鲁本·冈萨雷斯的网站！这让我看到了鲁本的视频——“不可阻挡”。这个视频让我用崭新的角度审视自己的职业生涯，我把这个视频播放给我的学生看。

课后一个学生告诉我一个故事。他在去年学校橄榄球队的选拔赛中落选，这让他再也不想打橄榄球了。看完这个视频后，他决定今年再试一次。

我有很多奥运会纪念胸针。我最喜欢的胸针来自约翰·内波。这个胸针的设计很简单，在奥运花环里写着八个字：“没有付出，没有回报。”这八个字在人生的任何领域都适用。如果你不付出努力，你就不会得到回报。约翰·内波的胸针让我想起温斯顿·丘吉尔的话语：“从不，从不，从不放弃！”

回到我的故事中。在加入奥运队的途中，我最大的挑战是时间不足。我有一份全职工作，因此想要在兼顾工作的同时集中精力进行训练是很困难的。在1980年奥运会开始之前的两年，我决定辞职全心训练。在那两年中，我省吃俭用，用我的存款和军队佣金过活。

额外的训练是值得的。我在打破世界纪录的同时赢得了两个世界冠军。这两个冠军让我充满了满足感。我在各个方面的信心大增。所有的努力都是值得的。记住，没有付出，就没有回报。

我达标了1980年莫斯科奥运会。不幸的是，卡特总统强制美国运动员联名抵制那一届的奥运会。但是，每个不幸的事情里都有积极之处，你只需要找到它们。

因为在华盛顿特区的集会，我认识了很多的教练和运动员。我学到了很多独特的技巧和训练方式。这些知识给我的射击生涯和教练生涯都带来了很大的帮助。

我们的射击队在那个夏天去中国北京参加比赛。我的分数和莫斯科奥运会冠军的分数相等。

请记住——“没有付出，没有回报。”

大卫愿意为自己的梦想付出很大的代价。他最喜欢说的话“没有付出，没有回报”，让我想起爸爸整天说的：“你需要为收获而播种。”在人生中，所有的奖赏都在付出之后。不要为代价而忧心忡忡。专注于你的梦想并做你能做的所有事情来实现它。努力是值得的。

跌倒是不可避免的，但是你可以选择重新站起来。

——凯莉·约翰逊

2004，2008，2012 皮划艇

第五部分

不要放弃

香农·米勒是美国历史内最有盛名的体操运动员之一，也被誉为美国最伟大的体操运动员。她是香农·米勒保健公司和基金会的总裁，致力于解决童年肥胖这一问题。她也是一名电视播音员和几本健身书的作者。

不要相信泄气的话

香农·米勒　体操　美国

1992年巴塞罗那　1996年亚特兰大奥运会

在第一次比赛之前，很多体操运动员脑海里已经有了奥运梦。但是，在成长的过程中，我从来不会坐在电视机前面看比赛，更别说奥运会了。我知道我想成为一个体操运动员，是因为我的姐姐——特莎，她当时在做的事情。我的唯一想法就是成为我的姐姐。

那是1991年，我开始体操训练的八年后，才有了想拿奥运奖牌的想法。我清楚地记得那个瞬间——我在意大利的卡塔尼亚半岛比赛，那是我体操生涯中最大的一场赛事。那个晚上我赢得了全能冠军。

我踏步进场，走向颁奖台。人们给我献花并把金牌挂在我的脖子上。上千人的竞技场，突然间变得安静。音乐响起。我穿着红白蓝三种色彩相间的运动服站在颁奖台上，金牌戴在我胸前，USA写在我的身后，听着美国国歌响起，看着美国国旗在我头顶飘扬！在那个瞬间，我知道这是我唯一想做的事情。我想代表我的国家。不仅如此，我想站在最大的舞台上代表我的国家。作为一个体操运动员来说，那个舞台就是奥运会！

不要让其他人限制你

前往奥运会的道路困难重重。伤病，疲劳，体重或身型的改变还有自己无时无刻承受的压力。但是，最大的挑战是和限制做斗争。人们总是找各种理由告诉你为什么你不能成功。你太高或者太矮，太壮或者太瘦……在1992年时，我十五岁，对于很多人来说我年纪太小了。四年后我十九岁，对于我的第二次奥运会竞赛而言我年纪又太大了！我明白了无论你做什么，人们总能找到质疑你的理由。我们也无时无刻地和自我怀疑做斗争。我很早就认识到，我的目标就是持续地寻找自己的优势。

奥运会金牌挂在我脖子上的那个瞬间让我感到非常奇妙。我感到了快乐、激动、安慰还有一点点因为这个旅程即将结束而带来的感伤。金牌之所以重要，是因为它背后承载的意义：那些努力和牺牲，那么多个小时的训练，和伤病的搏斗以及无时无刻对完美的追求。当你终于走到领奖台，这是一个多么可贵的旅程啊！

从我记事以来，爸爸就告诉我和弟弟，如果我们对一个目标有足够的渴望并愿意尽力工作，我们就可以实现梦想。他也告诉我们要找到积极的环境，并远离消极的人。

所有人都认为香农·米勒第一次参加奥运会时年纪太小，第二次参加奥运会时年纪太大。如果香农听了这些人的话，她不会走到奥运会这一步。但是香农只跟从自己内心的想法并成为史上最伟大的体操运动员之一。

爸爸在二十一岁的时候才开始无舵雪橇这个运动。所有人都觉得他疯了，但是他只听从自己内心的声音，并证明其他人是错误的。

跟随你的内心，并把每一天都变成一场历险。

格雷格·鲁加尼斯从九岁开始参加跳水比赛。十六岁时，他在1976年奥运跳水台上赢得了第一枚银牌。二十四岁时，他创造历史成为五十六年来第一个同时获得男子跳台和跳板项目金牌的运动员。1988年，在和年龄是他一半的运动员比赛时，他成为第一个连续两届奥运会赢得两枚金牌的跳水运动员。现在，格雷格在加州做一名跳水教练。

接受人生的挑战

格雷格·鲁加尼斯　跳水　美国

1976年蒙特利尔　1984年洛杉矶　1988年首尔奥运会

我参加的第一场奥运会，是1976年的蒙特利尔奥运会。当时我年纪太小，对于获奖没抱太大希望，只是觉得不要给家人和自己丢脸就好了。我在男子跳台赛赢得了一枚银牌。四年之后我达标奥运队，但吉米·卡特总统禁止运动员参加那场比赛。1984年洛杉矶奥运会，我第三次达标并赢得两枚金牌——男子跳台和跳板赛。

1988年的汉城奥运会（现称首尔）是我参加的第四个奥运会。在男子跳板的预赛中，我的头撞在了跳板上。这个意外再加上六个月前被诊断出的艾滋病，成为我追梦途中的一个巨大障碍。我的梦想是成为第一个连续两届奥运会赢得两枚金牌的跳水运动员。在我的头撞到跳板的那个瞬间后，我从一号种子选手变成了“劣势者”。我必须要专注于每一次跳水的表现。

莱恩·怀特，一个身患血友病和先天艾滋病的男孩的故事鼓舞了我，让我坚持下去。我一直斗争到最后一刻，并在两个项目中都获得金牌，创造了历史。多年后，我在公布艾滋病病情的时候把奥运金牌献给了莱恩的妈妈——詹妮。在任何情况下都不要放弃梦想，因为上天不会给出让你战胜不了的挑战。

爸爸总是说生活艰难，所以我们要更加坚强。生活会把你摔倒，但是赢家总是一次又一次地站起来，拍拍身上的泥土并继续向梦想前进。格雷格·鲁加尼斯经受过很多考验，但是他从不放弃。当你面对生活的挑战时，请坚强起来。

彼得·维德玛是美国史上得分最高的体操运动员。彼得在CBS体育台和ESPN做了很多年的体育评论员，并持续为每次夏季奥运会做宣传工作。他同时也是作家和职业演讲家。

从失败中学习

彼得·维德玛　体操　美国

1984年洛杉矶奥运会

我的体操生涯开始于我爸爸在报纸上看到“征集未来奥运冠军”的体操馆广告的那一刻。我们根据这份广告找到了那个地方。在小小的初中体育馆里，我第一次见到了坂本真。他当时刚刚参加完1972年慕尼黑奥运会并退役成为教练。我在接下来的十二年跟随“真先生”训练，他指导我赢得了几枚国内和国际赛事的奖牌，锦标赛冠军和三枚奥运金牌。他教会了我如何做梦，也教会了我如何非常努力地训练。

我最大的挑战之一来自在匈牙利布达佩斯举行的世界体操锦标赛。那场比赛距离奥运会只有八个月。我在单杠项目闯到了总决赛，在第二名的位置舒服地坐着，等着在总决赛的时候把金牌拿下。

但是一个小小的问题出现了，我要表演一套需要技巧的动作，在预赛中这完全没有问题，现在却出了些意外，使得这套动作的难度加大了。可如果我想赢得冠军，就必须要把做这套动作做好。因此即使我在上场之前热身时有些忐忑，还是决定表演这套动作。

预赛第一名的运动员在我之前上场，他出了一个大失误。我只要准确表演这套动作，就能够成为世界单杠冠军。

我开始了这一套动作，一开始我感觉很好，直到开始表演最大难度动作。这个动作需要我放手，在空中前滚翻并再次抓住单杠。所有的动作都正确，除了一个小小的细节——我没有抓住单杠。我从三米高的空中摔下来，屁股朝天。胜利的机会在一瞬间消失，我非常难过。

我觉得自己被压碎。我内心深处不确定自己能不能够在这么大的压力下重新振作起来。我有足够的能力和技巧吗？在比赛火热的时候，在最关键的时刻，在完成难度最大的动作之前，我会不会持续失误？

我低着头在布达佩斯的街道上漫无目的地走。当我走进酒店大堂，就看到了真先生。我不想跟他说话，但是我们刚好挤在了两扇门的中间。

他说了很多话，但是我只记得一句："这不是终点。"

"所有的经历都能给你带来知识，"真先生说。"特别是竞赛。你刚刚的表现是宝贵的经验，你可以从中受益。"

这些话让我清醒过来。他是正确的，这确实是宝贵的学习机会。我不想听到这些话，但是我知道他是正确的。那个秋季让我认识到一个我以前不太明白的道理：永远、永远、永远不要把任何事情当作理所当然。

我向自己保证从那天起，我会愿意承担风险。我会为风险做好准备。

接下来的八个月，在布达佩斯和洛杉矶之间，我每一天都会准备额外的训练，腾出时间来练习双手离杠动作。我一次又一次地练习，说实话，我从来不喜欢这个动作，因为我整天摔下来。但是我还是继续练习。每一个动作都带着世界锦标赛的记忆。

在奥运会到来之际，我已经将双手离杠动作练习得非常熟练。距离我在布达佩斯摔下来的半年多后，我完美演绎了同样的动作并赢得总决赛全能冠军。在我落地（不是摔下来的）后一分钟内，我看到我在单杠项目中获得了十分。

当我和队友一起站在颁奖台上领取金牌时，我唯一想做的事就是感恩。我感谢所有帮助我达到目标的人。我感谢我的教练、父母、队友、妻子和上帝。你会在人生中完成伟大的事业。如果你永怀感恩，你会在人生中走得比你想象得更远。

彼得·维德玛把他的失误作为成功的踏脚石。当爸爸在参加无舵雪橇比赛时，队伍总会在训练之后总结今天的表现并确定第二天需要提高的方面。当我在练习钢琴时，如果我犯了错误，我的钢琴老师会告诉我下一次怎么样改正。当我练习柔道时，也是同样的道理。教练总是告诉我如何在下一次做得更好。爸爸说如果你不放弃，那就一定会有下一次。我们不用害怕，因为总有下一次机会。如果你一直尝试，就不会失败。

劳拉·威金森在十五岁的那年第一次从十米跳台上跳下来。在一个老师告诉她她的年纪太大，不适合开始新的运动后，劳拉继续训练。九个月后，她被学校跳水队开除，但这一切没有击倒她。接下来的一年内，劳拉相继赢得美国全国冠军，达标奥运队，在世界锦标赛赢得铜牌并赢得了几枚奥运奖牌。现在，劳拉是一名职业演讲家。

付出代价

劳拉·威金森　跳水　美国

2000年悉尼　2004年亚特兰大　2008年北京奥运会

在我七岁那年，我看见几个女孩在操场上做一些体操动作。我觉得自己也可以做那些动作。接下来，我就在走道上翻筋斗，我的老师在旁边评论我的动作。妈妈很快就给我报了体操班。

我从记事以来就在电视上看奥运会。看到玛丽·卢.雷顿完美地完成体操动作并赢得体操金牌后，我对体操更加投入。在八岁的时候我开始梦想有一天能够参加奥运会。我觉得1996年会是我参赛的最好时期，那年我将年满十八岁，我有足够的时间做好准备。即使我当时才八岁，但我却定下了非常真实、具体的计划。

在我十四岁生日时，我不再热衷于体操表演。我非常现实，虽然我热爱这项运动，但我无法通过表演体操来参加奥运会。是的，不知道为什么，参加奥运会的这个想法还是在我的脑海中。我知道我可以努力达到这个梦想。

在初二和初三，我尝试了很多的体育运动——网球、田径、垒球等，但是没有一个适合我。我妈妈和一个阿姨聊天的时候提到她的女儿在退出体操队后开始跳水，建议我也可以试一试。所以我就去试了一下。第一次站在跳台上，我知道这才是属于我的项目。这基本上就是在水中的体操。这个项目似乎就是为我而设计的。我的奥运梦重新被点燃。在2000年，这个梦想成真了！

从我开始跳水之后，我经历了很多挑战。我高一那年，在跳水队训练六个月后，教练把我开除。幸运的是，我能够和一个当地跳水俱乐部一起训练。那才是我真正开始发光的地方。被开除这个经历让我倍受打击，但是因为俱乐部教练和队伍，那些过往的挫折和质疑成为我向上的动力。

1996年，我仅仅因两分之差而不能达标奥运队。我被这个消息打击。比赛失利后，我坐在长凳上久久说不出来话。1992年奥运冠军马克·兰滋坐在了我的旁边。他说："劳拉，不要让这些挫折把你打倒。把它转化为你的热情和动力。"我记住了这些话并更加努力地训练。

1999年，我意识到如果我真正想要达标奥运队，则需要全职训练。但是当时得我到了得克萨斯大学的全额奖学金。我做下了一个艰难的决定，暂时放弃学业，回家专心训练。没有收入，所以我没有办法支付租金。爸爸帮助我找到了一个代理人并找到了人生第一个赞助商。这样，我能够勉强支付租金并全心训练。

在参加2000年奥运会初赛的三个月前（我已经达标），我在佛罗里达的一个比赛中摔碎了右脚上的三根骨头，需要进行手术，但这样便无法参加初赛，所以我选择了打石膏。

我不能训练，但是我的教练让我站在十米跳台上，用我健康的那只脚来支撑自己并连续练习跳水的动作。这是艰苦的一段时间，很多次我都想放弃。但是我的队友、教练和家庭都在支持我，无论这个尝试听起来多么疯狂。恢复了将近十个星期后，我站在了奥运会初赛的队伍中。我非常紧张，因为那是我的第一次初赛。最后我毫无惊险地赢得这场比赛，正式成为美国奥运队的一员。

我在2000年赢得了奥运金牌，那是一场艰难的奋斗。这一路上我最喜欢的瞬间是在最后一次下水之前，站在悉尼的十米跳台上的那一刻。

我完全不知道我的名次，但是知道自己有夺金的机会。于是我站在池边等待我的名字被播音员读出来，等待我最后一次跳水——这就是我的奥运梦。我的努力不仅仅在奥运会，还在总决赛中，在赢得奖牌的斗争中。我为这个梦想奋斗了太长时间。在那个瞬间，结果并不重要。我为实现梦想所付出的一切努力才是我人生中最宝贵的财富，站在颁奖台上接受人们的欢呼与鲜花的簇拥也只是锦上添花了。

劳拉在她的跳水生涯中面对了种种挑战——被高中跳水队开除，在预赛之前经历骨折。但是她从来没有放弃。劳拉继续训练并把专注放在了梦想——奥运会上面。因为愿意付出代价，她实现了自己的梦想。爸爸说成功并不困难，也不简单。劳拉的故事证明了这一点。

1998年，妮基·斯通成为美国第一个反转高空技巧项目的奥运冠军。妮基于纽约的联合学院以极优等生荣誉学位毕业。现在，她组织团体进行滑雪历险，在七个奥运会委员会中并环游世界通过演讲激励各地运动员。

重新站起来

妮基·斯通　滑雪（空中技巧）　美国

1994年利勒哈默　1998年长野奥运会

五岁那年，从我在电视上看到娜迪亚·科马内奇以完美得分夺冠的时刻开始，我就梦想成为奥运选手。因为我想感受夺冠的感觉，于是用桌子和椅子搭建了属于自己的奥运颁奖台，我站起来并举起拳头以示胜利。当我想象观众为我欢呼，闪光灯在我身边照射时，堆满雀斑的脸上绽放出了大大的笑容。我找到了答案!

但是，追梦的路途并不简单。1995年我赢得世界锦标赛掌滑雪冠军后，我的腰部时常疼痛但我没有重视，觉得那只是轻微抽搐。我尝试克服酸痛，继续练习，但某一次，我在距离雪地三十米，头朝地的时候感受到了难以忍受的疼痛。幸运的是，我的肌肉记忆带领我安全地降落到雪地上。但是我躺在雪地上的时候一点儿都动不了。我发现，由于多年高强度的训练，我的腰椎间盘备受压力并已经不成形状。我一直去找不同的医生，希望其中的一个会告诉我我可以继续比赛。但是在那十个医生中，每一个都告诉我这是我职业生涯的终点。

在进行过所有的手术和理疗但却毫无好转后，我开始备受忧郁症的折磨。经过多年的体育心理治疗后，一句来自乔治·S.帕顿将军的话让我重新打起精神。这句话很简单："成功是你坠入谷底时反弹的高度。"

我准备好反弹了。这个过程需要进行大量的体能训练；以我的情况，这将会是非常痛苦的一个过程。但是无论如何，我要振作。在短短的十二个月后，我参加了第二个奥运会并以旋扭三后翻这个动作夺冠，并成为美国第一个在空中技巧项目夺冠的运动员。看到我的名字处在评分榜最顶端时，我发出了一个像是尖叫，像是笑声，像是哭泣的声音。那不是悲伤的眼泪，而是欢乐的泪水，因为我终于可以站在真正的奥运颁奖台上了。

直到国旗在我头上慢慢升起，欢呼声响彻我的耳边，我才真正地意识到发生了什么。我回想起二十二年前那个扎着马尾辫，满脸雀斑，站在自制颁奖台上面的小女孩。我意识到在这个瞬间我实现了我童年时的梦想了；这个瞬间让所有的苦累消失。这是所有的病痛所带来的成果。这是所有的挣扎、泪水、投入和牺牲的回报。

妮基在奥运的两年前背部受了重伤。但是她并没有放弃，并被乔治·帕顿话语所激励。妮基决定无论多苦多痛，她都要重新站起来。这就是赢家的精神。无论代价是什么，都要专注于目标。爸爸总是给我们重述帕顿所说的话。他最喜欢的乔治·帕顿话语是：“如果你身陷地狱，那就继续前行。”

我的竞赛不是休息！

——金·罗德

1996，2000，2004，2008，2012 射击

菲尔·梅尔在华盛顿州的一个滑雪度假村内长大。十二岁时，他高超的滑雪技术，吸引了某家滑雪装备公司成为他的赞助商。菲尔在十五岁那年加入美国滑雪国家队，几年后参加了1976年奥运会。菲尔在1981—1983年连续三年赢得了世界杯冠军并在1984年萨拉热窝奥运会赢得障碍滑雪赛金牌。他的哥哥史蒂夫赢得此项目银牌。现在，梅尔兄弟在犹他州鹿谷市经营一家滑雪训练中心。

从一个到另一个梦想

菲尔·梅尔　高山滑雪　美国

1976年因斯布鲁克　1980年普莱西德湖城　1984年萨拉热窝奥运会

我从小就接触滑雪这个运动。我爸爸是志愿者滑雪巡逻者，也是华盛顿州的一家小度假村的经理。在我九岁的时候，我的全家搬到了山脚下。这让我可以在冬天的时候每天放学后都滑雪。1968年，十岁的我看到来自法国的简·克劳德.基立在格勒诺贝尔冬奥会赢得三枚金牌。这是我记忆中的第一场奥运会，每个运动员都非常投入。我心想：如果能代表我的国家参加奥运会，也是一件不错的事情啊。这个梦想就这样在我心中生根发芽。八年后，我来到了1976年冬奥运的赛场上。

在1973年的春季，十五岁的我加入了美国国家滑雪队。通往奥运会的路好像一帆风顺。但是，事情没有那么简单。1973年11月，我前往欧洲参加世界杯赛的前三天，在家滑雪时遭遇雪崩，并摔断了右腿。这是一个小小的挫折，我只会错过1974年赛季。但是，九个月后，我把受伤的腿又摔断了，1975年赛季也被我这样错过。在一个半赛季后，我重新开始比赛，并赢得1975年美国冠军赛障碍滑雪项目的冠军。我的奥运梦又重回正轨。

距离1976年奥运会只剩十一个月时间的时候，我还从来没有参加过国际赛事，加入奥运队的概率仍然很低。我从来没有觉得自己会走到这一步。我把1975年的夏天用在和国家队的队友们训练以及为下个赛季做准备上面。1975年12月，在冬奥会开始的两个半月前，一切都顺其自然地发生了。我在法国瓦勒迪泽尔举行的世界杯赛拿到第五名。努力、投入、决心和耐力让我得到回报。当国家队宣布1976年高山滑雪奥运队队员名单的时候，我的奥运梦成真了。

在开幕式和队友代表国家一起走入体育场是无比的荣誉。这让我想起一路的旅程。所有的时间和努力，所有来自朋友、家庭、教练的鼓励是那么真实。我会永远记得这个激情浴澎湃的时刻。这也是新梦想诞生的时刻，不仅仅是参加奥运会，还有赢得奖牌的梦想。就像人生一样，当一个目标实现，新的目标也因此诞生。

菲尔·梅尔说你应该无时无刻地梦想。爸爸说你在接近现在梦想的时候开始思考新的梦想。这会让你保持开心、专注，人生会充满幸福。

1984年，德里克开始滑轮滑，到1996年，他已经成为历史上最有名的运动员之一。除了奥运会，他实现了大满贯。于是，1996年，他把直排滑轮鞋换成了滑冰鞋，开始追逐奥运金牌。仅仅两年后，他达标进入1998年美国奥运队。在2002年盐湖城奥运会，他被选择成为开幕式举起世界贸易中心旗帜的旗手。这个激动人心的夜晚，激励德里克在第二天五千米竞赛时突破世界纪录拿到亚军。在一千米竞赛中，德里克一举拿到冠军称号。现在的德里克是一个作家和职业演讲家。

梦想值得等待

德里克·帕拉　竞速滑冰　美国

2002年盐湖城　2006年托里诺奥运会

我第一次梦想成为奥运选手是十四岁那年。我在南加州长大并从小就学会如何滑轮。虽然竞速滑轮当时不是一个奥运项目，但我一直希望在我达到参加奥运的年纪时，可以通过滑轮来得到作为运动员的顶级荣誉。

无论你的梦想是什么，你都要准备好为之奋斗并为之献身。要知道，所有的付出都是值得的。

在我前期的滑轮生涯前段中，经济条件一直都是我最大的障碍。我在十七岁那年离开家，开始追逐梦想。我的父母在精神上支持我，但是没有为我提供财务上的帮助。

在我二十六岁那年，我赢得十八个国际冠军并在直排滑轮项目打破两个世界纪录。我是历史上获得最多荣誉的运动员。我把所有能赢的奖项都赢了个遍，除了奥运会，仅仅因为我的项目不在奥运会范围中。

做好冒风险的准备

在那个时候，我做了一个巨大的决定。我冒着巨大的风险。离开了滑轮的世界并进入了滑冰——一个奥运会老牌项目。我很快地确定目标：参加1998年奥运队。我达标进入了队伍，但是因为一个纪录错误所以无法参加在长野举办的冬奥会。

因为不能在长野竞赛，我心灰意冷，但还是下定决心把精力放在了2002年的奥运会上。在那次奥运会中，我赢得了五千米的银牌和一千五百米竞速滑冰金牌，打破了世界纪录。

站在祖国的颁奖台上被授予金牌是一个不可思议的瞬间。我永远不会忘记这一切，并会和我的子孙分享这个经历。我用了十八年才拿到金牌，但这种等待是值得的！

德里克花了十八年才实现奥运梦想，但是就像他所说：梦想值得你的等待。如果你把时间放在追逐梦想上，人生会是一场伟大的历险。

没有什么能够代替你的努力。

——安德烈·阿加西

1996 网球

你看过《冰上轻驰》这部电影吗？它讲述了牙买加连橇运动员的故事。戴文·哈里斯是一名退伍军人和牙买加连橇队的创办者，同时他是书籍《我可以！》和《持续推动》的作家，持续推动基金会的创办者和一名职业演讲家。

专注于你的目标

戴文·哈里斯　连橇　牙买加

1988年卡尔加里　1992年阿尔贝维尔　1998年长野奥运会

我从十五岁那年开始跑田径。当1979年ABC电视台在播放一个叫作“体育大世界”的电视节目，当时的系列名称为“前往莫斯科的道路”。在这个节目中，他们介绍了世界各地想要参加1980年莫斯科冬季奥运会的运动员们。我们不仅仅能够了解运动员们的体育生涯，还可以了解有关他们生活的细节。其中让我印象最深刻的是那些运动技能一般，但是有着非凡的梦想的人们。从那个时刻开始，我也开始想象自己参加奥运会的场景。

在前往奥运会的旅程中，我受到的最大挑战是在短时间内学会一项新的运动并在这期间战胜很多人的质疑。

我们确实把所有的精力都放在了奥运会上。我们意识到这会是一个艰难的旅途，所以我们不会因为挫折气馁。当遇到困难，我们分析错误，做出改正并努力继续往前走——专注于每天小小的成功。对于那些质疑我们的人，他们的话语成为我们最大的动力。当有人认为我们不可能成功，我们的决心变得更加强大。

到达奥运会真是神奇的体验。踏步走进挤满六万人的体育馆，被欢呼声环绕时，你终于成为了奥运选手——那是难以忘怀的感受。因为你实现了自己的梦想。自豪、满足、感恩……所有的努力都是值得的；其他人也被我们的行为所激励。

在其他人都嘲笑戴文和其他牙买加连橇队成员的时候，他们仍为

奥运梦努力。爸爸在卡尔加里冬奥会认识一个来自牙买加连橇队的运动员。爸爸发现有其他连橇运动员在嘲笑他们，他为此感到震惊，因为这与奥运精神相悖。爸爸对他们说：“我不敢相信他们这样对待你。你的感受是什么呢？”牙买加人回答：“我们是胜利者。我们准备笑到最后。”他们确实做到了。他们继续滑，继续提高水平，成为一个团结的队伍。他们在那次奥运会上打败了美国的一个连橇队。在其他人看笑话的时候他们持续战斗，因此赢得了世界的尊敬。如果有人嘲笑你的梦想，无视他们，然后继续努力吧！像牙买加连橇运动员那样，专注于你的梦想，持续努力。你有一天也会赢得所有人的尊敬。

我在职业生涯中错过九千多个篮板。我输了差不多三百场比赛。其中二十六次，大家将希望都寄托在我的身上，我却让大家失望了。我在人生中一次又一次地失败。这就是为什么我成功。

——迈克尔 · 乔丹

1996 篮球

佩妮莱·斯瓦尔在2000年悉尼奥运会竞赛现代五项全能项目（游泳、跑步、马术、击剑和射击）。作为一个现代三项运动员，佩莱妮完成了铁人三项。现在，佩莱妮是一名私人教练、生意咨询师和训练师。

不要放弃你的梦想

佩妮莱·斯瓦尔　丹麦

2000年悉尼奥运会

我的奥运会梦想开始于1978年，那时候我十七岁。我的游泳教练鼓励我去尝试现代五项。我最主要的，也是唯一的目标就是达标奥运会。那时候，女子现代五项并不属于一个奥运项目，但是我听说1984年这个项目会正式成为奥运项目。前三年，我训练的同时还在兼顾学习。我想如果我体育方面没有取得一个好的成绩，可以有其他的出路。

为了达到我的目标，我需要循序渐进的来培养我的技巧。在1982年完成学业后，我被美国现代五项训练中心录取。这个训练中心在得克萨斯州圣安东尼奥市的一个美国军队基地中，训练为期五个月。这里是我真正了解精英运动员的地方。那五个月我每天训练五到八个小时，那是我最美好的训练时光。

在1982年我们收到了坏消息，1984年奥运会不允许女子参加现代五项，但是1988年我们有参加奥运会的机会，我便继续训练。

在1982年到1996年之间我每年都会去得克萨斯州训练，每年的三到六个月我都会在得克萨斯州度过，这是激励我继续追寻梦想的力量。圣安东尼奥成了我的第二个家。在那么多年中我们每四年都在收到相同的信息：女子现代五项不被列入奥运项目中。我还有奥运梦。我没有打算放弃我的梦想。我不会让自己失望。我相信这个梦想总有一天会实现。

为了打发时间，挑战自己并赚钱，我开始了为三项全能进行训练。我在1987和1988年竞赛夏威夷铁人三项。接下来，我在欧洲奥运距离冠军赛中获得第三名，欧洲半铁人三项中获得第四名并赢得1988年北欧杯铁人三项冠军。

我也加入了丹麦国家击剑队并参加了两次世界锦标赛。在这些锦标赛中我都在三十二名之前。

1996年，三十四岁的我做了一个完全不同的决定——成为一个母亲。因为我长期高强度的训练，比其他女性我已经错过了最佳生育年龄，但是我认为这是一个正确的时机。我在生育之后有足够的时间重新调整。我的女儿，弗雷德在1997年3月出生，弗雷德是我最好的“金牌”。

我的头脑在这时开始分散，但是我还是一直训练。虽然我没有100%地专注运动，但是我还是没有错过一场比赛。在1998年1月，2000年悉尼奥运会，奥组委宣布女子现代五项全能终于成为一个奥运项目。

在那天我把训练计划定了下来。我花了很多时间在有质量的训练上。我变得更加强壮，并在1998年赢得了八千米长跑的世锦赛冠军。我想在2000年的世锦赛上冲刺一把，因为这会是我最后一个达标奥运会的机会。那天简直完美；我获得了世锦赛的冠军。真是一个安慰——同一天赢得世锦赛冠军和达标奥运会。两个月的奥运会中，虽然结果不和我意，但是我跨越漫长的旅程，实现了我的梦想。

佩妮莱的奥运经历漫长而不可思议。从1978年到2000年这二十二年中，她在不知道自己的运动有没有可能成为奥运项目的情况下专心训练。她的信念和不间断的努力让她成功达标奥运会。不要放弃你的梦想，持续努力。一切都会是值得的。

比尔·耐德在1956年赢得掷铅球项目的银牌并在1960年赢得该项目金牌，同时曾三次打破这个项目的世界纪录。他毕业于堪萨斯大学并在3M公司工作，在设计人造草坪的过程中做出过重大贡献。并在1968年墨西哥城奥运会时第一次将人造草坪卖给奥组委。

战斗到底

比尔·耐德　铅球　美国

1956年墨尔本　1960年罗马奥运会

在我二十岁的时候，我看了一部讲述奥运冠军鲍勃·马赛厄斯故事的电影。当时我的膝盖在一场和得克萨斯基督教大学的橄榄球赛中严重受伤，腿需要打石膏并休养六个星期。医生告诉我我不可能再打橄榄球了，可能以后走路都是问题。我决定尝试练习铅球，在观看电影后，荣誉、环游世界和成为世界最佳运动员的机会对来自乡下的我充满诱惑。我立刻开始专注于达到这个目标。

我最大的挑战是来自右膝盖的限制。但很幸运，我有体育天赋，我立刻开始集中精力锻炼自己的膝盖并开始力量训练。两年后我走到了美国国家奥运队，在澳大利亚墨尔本市参加1956年奥运会。我赢得银牌，但是觉得自己可以继续往前走。在1960年奥运选拔赛的两个星期之前，我傻傻地去滑水并摔伤了膝盖。我本来是选拔赛的一号种子选手但是却拿了第四名（前三名能进入奥运队）。一个很好的朋友和优秀的教练鼓励我继续竞赛并不要放弃希望。他告诉我：“你不知道以后会发生什么。”

在接下来的两个月中，我继续比赛并赢得了许多奖牌。在奥运队离开美国之前的最后一场田径赛中，我打破了世界纪录。美国奥组委开了一场紧急会议并投票决定我作为第三个运动员参加奥运会。在一个清晨，我接到电话通知我立刻前往纽约，我进入了奥运队。在比赛时，我成为美国史上唯一一个拿到金牌的候补队员。在1960年赢得奥运金牌是我最大的荣誉。言语不足以形容我站在颁奖台上的感受——我对自己和国家的骄傲。美国队主导了田径项目，我们挥舞着国旗在田径场上奔跑。在那么多年后，我还是可以听到、感受到兴奋的气氛。

在摔断膝盖骨后，医生告诉比尔·耐德他一辈子走路都要依靠拐杖。比尔听从自己的内心并开始练习掷铅球。即使在再次受伤后，比尔继续训练，打破世界纪录并成为奥运冠军。当有人质疑你的时候，那仅仅是他们的观点。如果你心底里相信你能做一件事情，忽视其他人的观点并追寻你的梦想吧！

达芙妮·琼嘉瑾斯是一个参加过三次奥运会的荷兰跳水运动员，她毕业于迈阿密大学，也是他们学校的名人之一。现在，达芙妮是一个活动策划人并拥有自己的事务所。

面对你的恐惧

达芙妮·琼嘉瑾斯　跳水　荷兰

1984年洛杉矶　1988年首尔　1992年巴塞罗那奥运会

我从七岁开始学习跳水，我和弟弟特别喜欢看跳水比赛，所以如果有电视台播放跳水比赛，我们就会把爸爸妈妈吵醒打开电视。我当时没有意识到自己有奥运梦，但是我觉得参加奥运会是一件挺有意思的事情。四年后我已经在全国范围内比赛。我发现，如果我努力训练，奥运会其实离我不远。对了，我和弟弟都参加了奥运会。

在练习跳水的过程中，我摔过无数次跤，我非常害怕那种感觉。对我来说最大的挑战是学会难度大的动作，因为只有这些动作才能让我达到世界前十二名的位置。对于荷兰运动员来说，那是达标奥运会的标准。我克服恐惧的方法是专注于最终的目标并持续鼓励自己。

有一个和我年龄相仿的女孩和我一起学同样的动作，而她比我勇敢得多。当然，我不能让她比我表现得更好，所以我相信如果她可以学会这些动作，我也可以。当我克服最初的恐惧后，之后的一切都依赖于自律和重复练习。

我知道有很多人都认为我放弃了梦想来做一名跳水运动员，但是我从来没有这么想过。当然，我在高中的时候没有时间参加派对。我要不就在训练，要不就在比赛的奔波中。但是我获得了很多回报。我有来自全世界不同地区的朋友；我环游世界并有机会在美国上大学。如果我没有克服自己的恐惧并花那么多精力在训练上，我不可能有这些机会。

第一次参加奥运会应该是我这辈子最激动的时候。当我走进洛杉矶奥运会开幕式时，觉得肺部的空气被抽空。跳水时身边上千个观众传达给我的能量让我发挥到最好。

达芙妮需要克服恐惧，一次又一次地摔跤才能学会一个新的动作。她运用自我鼓励（每当跳下水之前，她都会给自己加油打气）。面对恐惧是克服恐惧的第一步。接下来她卖力的练习这个动作直到她能完美地完成为止。爸爸在无舵雪橇中也是如此。他在向下滑的时候也会感到恐惧。有些时候他踱步二十分钟给自己鼓舞士气，直到积累了足够的勇气。给自己一个积极的环境，为自己加油打气，告诉自己：“我可以做到，我可以做到，我可以做到……”像达芙妮一样面对恐惧，它自然就会消失。

第一重要的事情是热爱你的事业。你不能为其他人做任何事。这一定要是属于你的。

——佩姬·弗莱明

1968 花样滑冰

本·亨特·戴斯在2000年悉尼奥运会作为英国队的一员赢得赛艇金牌。现在，亨特·戴维斯是一个演讲家和“八点训练”企业培训公司的创办人，同时他也为英国奥组委工作。

转败为胜

本·亨特·戴夫斯　英国　赛艇

1992年巴塞罗那　1996年亚特兰大　2000悉尼奥运会

1980年，八岁的我正在和妈妈看电视上播放的奥运会。我记得妈妈在英国运动员塞巴斯蒂安·科和戴利·汤森赢得奥运金牌的时候大声欢呼。看他们比赛真是一个精彩的体验，但是我知道我永远不能做到他们做到的事情。我没有任何运动天赋。十三岁，我开始练习赛艇但是表现平平。我知道我不可能参加奥运会，但是我知道我能比其他人做得更好，特别是和我同年龄的男孩们。当我十六岁时我终于有了明确的目标——做到世界青年赛艇冠军。十八个月后，我在青年世界赛艇锦标赛拿到第四名的成绩，奥运会距离我越来越近。

在那比赛的九年中，几次伤病和意外拖慢了我的脚步；但是，最大的挑战应该是面对败仗。从十八岁到二十八岁这十年中，我基本上没有赢过一场比赛。在学校的时候，我赢了很多赛舟会并热爱比赛。但是从青年世界锦标赛之后，六次世界锦标赛，三次奥运会和数不清的小型赛事中，我只赢了最后三场比赛。在那十年中，我几乎每一场比赛都是败战而归。我身边环绕着赢家而我一直在输。大部分人都觉得我不会有翻身的那天；大部分人都觉得我没有胜利的可能；大部分人都觉得我应该放弃，找另外一件事情来做。我没有听他们的，而是继续比赛。

所有事情都在奥运会开始时顺利起来。悉尼奥运会男子八人赛艇的总决赛是一场无与伦比的竞赛。我们从开始的时候就领先，并把领先的距离一次又一次地拉大。我们把所有精力都花在了两千米的前一千五百米，最后的五百米指引我们动作的只有勇气。在跨越终点线的时候，我脑子一片空白。我知道我们是第一个跨越终点线的队伍，但是这究竟意味着什么呢？我无法思考。但是当我的脑子得到多一丝氧气的那一秒，我意识到我们做到了，我们胜利了，我们赢得了奥运金牌，我们是奥运冠军！站在颁奖台上，我知道这十年间的努力都是值得的。即使经历了那么多挫折，那么多失败，那么多艰苦的训练，那么多的质疑和嘲笑，我们做到了。这比梦想更加美好。

本是一个优秀的运动员，但是因为受伤和意外，他在九年间没有赢得一场比赛。大部分人都觉得他会放弃，但是他对胜利的渴望让他继续战斗。当弟弟和我面对挑战时，当我们看不到进步的空间时——无论是钢琴还是柔道还是其他的什么——爸爸都会提醒我们继续练习、继续战斗。有些时候我们需要一点时间和耐心来等待我们内心的成长。当你在瓶颈期时，不要放弃。继续练习，专注于基本点。不久后，你就会发现瓶颈消失了。

多米尼克·约翰逊在夏季奥运会为圣卢西亚岛竞赛。他毕业于美国亚利桑那大学，现在亚利桑那州图森市，经营他自己的生意“伊莎贝拉的雪糕”。约翰逊设立的运动大学奖学金帮助超过三十名圣卢西亚运动员追寻梦想；其中的一个成为2004年奥运选手。

学会应对失败

多米尼克·约翰逊　撑竿跳高　圣卢西亚岛

1996年亚特兰大　2000年悉尼　2008年北京奥运会

我出生于圣卢西亚岛，那是加勒比海东部的一个小岛，所以我一出生就有双重国籍。十五岁那年我开始练习撑竿跳高；十七岁时，我对这项运动的热爱让我决定将它作为我的事业。在那个时候，我把目光放在了奥运会上。仅三年后，我跳过了五米半的高度，成功达标奥运会。

幸运的是，我的父母对我的事业非常支持，而我也非常专注。如果你想成为冠军，我认为重要的一点就是学会如何应对失败。无论是体育还是人生，永远不可能一帆风顺。事实上，如果你能打一半的胜仗，就已经非常幸运。每当我感到失望，我都会问自己："你学到了什么？"我发现我在失败中学到的知识比在胜利中学到的多得多。现在，我把这些经验与感悟也应用到了体育之外的人生中。

我达标第一次奥运会的那一年充满惊喜。那个赛季我的个人纪录提升了0.6米。这是一个巨大的提高。然而短时间内大幅度的提升意味着我的水平非常不稳定。当我走进亚特兰大的奥运体育场时，看到观众席上人山人海，腿便开始发抖。四个月前，我只是高中生水平；现在，我来到了世界顶级的舞台。我的身边站着我的偶像，当时世界纪录的保持者——谢尔盖·布勃卡。那天，我没有战胜自己的内心并没有跃过初始高度。后来我才发现，谢尔盖·布勃卡和我那天的情况一样。但是，我没有因为失败而气馁。我吸取教训，并因此成为一个更好的运动员。

多米尼克学会了如何应对失败。他明白，如果你拒绝放弃，那失败

只是暂时的。爸爸告诉我们人生充满挑战，所以我们要学会坚强。如果生活把我们打倒，我们就要立刻站起来，拍拍尘土，继续战斗。现在，我们有着更强大的武器：我们的经验更加丰富；我们比以前更加强大、更加聪明。我们要学会从错误中学习。

布鲁斯·肯尼迪大概是唯一一个没有参加过奥运会的顶级标枪运动员。他达标了三次奥运会，但是政治三次挡住了他的道路。他的故事精彩地展现了一个人如何在挑战来领时积极面对。在本科毕业于伯克利大学后，布鲁斯在斯坦福大学获得MBA学位。他现在是一个基于加州卡马里奥的投资合伙人。

战斗让你更强大

布鲁斯·肯尼迪　标枪　罗德西亚，美国

1972年慕尼黑　1976年蒙特利尔　1980年莫斯科奥运会

我出生于一个小小的非洲国家。这个国家以前被称为罗德西亚，现名津巴布韦。我的父亲，一个前中距离跑步运动员，在国家的田径事业上非常活跃。从小，我的身边就环绕着顶级运动员，我记得在1960年，我九岁的时候，几个田径运动员被选中代表罗德西亚参加罗马的夏季奥运会。当得知我们国家的顶级运动员有机会出现在这个世界舞台上，我们都无比激动。当我想象自己跟随他们的步伐来代表我们的国家比赛时，我意识到这是我的梦想。作为一个运动员，我的野心就是有一天在奥运会上竞赛。

作为一个刚刚大学毕业的业余运动员，最大的挑战就是没有足够的经济来源支持我的生活和训练。我在1973年毕业于加州大学伯克利分校并在数个月后和大学的女朋友结婚。我被选上代表罗德西亚参加1972年慕尼黑奥运会，但是我们的队伍因为政治原因而被取消参赛资格。即使这个消息让我失望，我还是坚定地追逐奥运会。所以，我的妻子和我都要做出相应的牺牲来支持我的决定。

我是一个标枪运动员。和大多数运动一样，它需要我有足够的技巧来成功。这需要长时间的练习，极强耐心和一个好教练。我一直都相信决心和自律能够得到回报。1976年蒙特利尔奥运会，我再次被选中代表罗德西亚比赛，再一次地，我们的队伍因为政治原因被排挤在外。

我的决心依旧。我继续训练并在1977年成为美国公民，这一年我赢得了第一个美国冠军。我的运气终于慢慢变好。通过美国奥组委，我找到一个可以保障我训练时间的工作。1979年，休斯敦大学的田径教练汤姆·特列斯开始帮助我训练。在1980年的第一场比赛中，我达到人生最好的纪录，这也是我七年来第一次进步。我停下来想了一下：在这七年来我完全没有进步，仅仅因为决心和信念而继续坚持下去。

最后，在1980年美国奥运会选举赛中，我拿到第二名并成功进入奥运队，成为美国奥运选手之一。不幸的是，卡特总统下命令抵制莫斯科奥运会。我在奥运会中竞赛的梦想第三次由于政治原因而搁浅。

即使我没有能够在奥运会竞赛，但达标1980年美国奥运队让我有梦想成真的感觉。选拔的过程非常严格，而你每四年才有一次证明自己的机会。当我意识到自己在前三名之内并确定有资格参加奥运会后，我的内心五味杂陈。当然，最明显的感受是放松。在那么多年的训练、那么多的牺牲和挫折后，我达标了世界上最难的奥运会队伍。但是，一想到那么多的运动员不能够真正地在奥运会竞赛，我也感到失望。

我很幸运，能够在全世界不同的赛事中比赛。即便我不能参加最大的赛事，我也不觉得自己失败。能够成为美国奥运队的一员，我已经非常自豪。

布鲁斯证明了逆境能够建立品格。他一生为奥运会训练标枪。他达标三次奥运会，但是因为政治原因不能参赛。他没有因自己的处境自怨自艾，而是为自己的经历感到感恩和自豪。这就是品格。

汤姆·霍夫为美国在夏季奥运会比赛排球项目。他毕业于长滩州立大学机械工程系。现在的他也是加州Predixion软件公司的经理。

以更坚强的意志面对艰难的时刻

汤姆·霍夫　排球　美国

2000年悉尼　2004年雅典　2008年北京奥运会

我在十五岁那年开始打排球。不久之后，我就开始梦想为祖国比赛并得到金牌。这个梦想在接下来的二十年中，激励着我，让我尝试并完成了很多不敢想的事情。我所有的人生决定的根基都是给我实现梦想的最大可能。在我二十多年的排球生涯中，我环游大半个地球追寻这个青年时立下的志愿。

当然，二十多年的人生旅途中，每个人都会遇到非凡的挑战。在实现目标的过程中，困难是不可避免的。正常来说，你的目标越有价值，挑战就越大。但是在征服这些挑战时，你内心的力量来帮助你意识到失败并非全然是坏事。每次失败都为我们提供了一个学习的机会。每次失败都是你提醒自己是时候重整自己的计划以达到你人生梦想。

当尘埃落定，我前往奥运队以及最终获得奥运金牌的经历给我了自信。我现在可以告诉自己，如果我把全身心都投入到一个目标中，没有我和队伍不能达到的目标。这是一个艰难的旅程，但是它给我带来的奖赏能够圆满我整个人生。当你建立清晰、明确和热切的目标并愿意为此付出时间和精力，没有什么能够阻止你。实现梦想的道路没有什么捷径，有的只是坚韧的态度，无穷的勤奋，再加上时间和耐心。

汤姆在他的奥运梦想上投入了二十年的时间。他知道这一路上会有挑战。但是他也明白，如果坚持下去，挑战会让他变得更加强大。当你为目标长时间努力再努力时，你也会培养出来自信，支持你继续走下去。

弗兰奇·安德鲁在他的十二年职业自行车生涯中参加了九次环法自行车赛与两次夏季奥运会。现在的他是一名教练、车队主管、职业演讲家和电视体育评论员。

追随你的热情

弗兰奇·安德鲁　自行车　美国

1988年首尔　1996年亚特兰大奥运会

当我回顾前往奥运会的路途时，发现大部分障碍的根源来自我的童年。从开始骑车时，我的表现从来不突出。我花了很长时间才能达到比赛的水平。在我最初的比赛中，我跟上其他骑手的速度尚且困难。我在长大、成熟、慢慢变得强壮后，才有心思想奥运会的事情。因此我喜欢骑车，所以无论我的名次是什么，都不会影响我对骑车的热情。我热爱这项运动。我相信，我对骑车的热爱促使我在成绩不好的时候继续走下去并成为一名职业骑手。

我的奥运经历在1988年和1997年，这对我来说是两次非常不同的奥运会。1988年我像走在云端中，这是我的梦想，我的目标，我的渴望。在首尔奥运中，我比大部分的骑手要年轻，经验也少。我极度努力地训练并尽我所能地为比赛做准备。在第一场比赛中，我非常紧张而对手们表现得既快又稳。我知道我没有机会赢得比赛，但是我要尽我所能地努力。在比赛中，一切顺利，我拿到了令我满意的第四名。整个旅途让我大开眼界。

1996年，我成长了不少，经验丰富也有赢得名次的机会。这一次我知道我应该如何准备，我也做足了准备。在1996年的比赛中，我的压力大了许多，这其中的一部分来自我自己，也有一部分来自外界的期望。我在这场比赛中拿到第四名，我对这个名次感到满意。

参加奥运比赛是我在人生和职业生涯中的一个大目标。这让我的未来充满了自信。在我的职业生涯中，目标跟随我的表现改变。刚刚开始我只是想通过这个运动中赚钱谋生，然后到赢得大比赛，最后是成为一个顶级的运动员。许多人问我比赛期间最好的回忆是什么，我想说奥运会就是我最好的回忆。

弗兰奇对骑车的热爱让他坚持了下去，让他有机会提高水平并最终成为冠军。把你的时间放在梦想上，跟随你的热情。如果你这样做，每一天都会是一场冒险。

迈克尔·布拉齐福特出生成长于南加州。迈克尔专注于回馈本地社区，帮助童子军自行车项目，为当地儿童戏剧表演管理音响并访问儿童医院。迈克尔现居于科罗拉多河城。

找到更高层次的意义

迈克尔·布拉齐福特　自行车　美国

2008年北京奥运会

很多奥运选手从小就渴望成为奥运冠军。但是我不是其中的一员。我只是喜欢比赛。从小我就好动，参加任何体育项目都要竭尽所能。我在练习自行车之前练习体操和网球，而那时候我只是觉得比赛很有意思。我从来没有想象自己能参加奥运会。在前往奥运会的途中，我享受达到每一个小目标——在训练中的速度加快，在健身房举重的力量增加，比赛的名次提高。当我被科罗拉多河城的奥运训练中心选中时，达标奥运会终于变成了我的目标。

在世界上最受关注的竞技中代表自己的国家参赛听起来确实相当振奋人心，虽然这不是我的“梦想”。但是，在我赢得奥运选拔赛后，我意识到有一张前往北京的机票会写着我的名字，目标变成了梦想，而梦想又变成了现实——都在那短短的一瞬间。

我要承认的是，所有的困难都在那个瞬间开始。伤病是运动员生涯的一部分，但是我还有几个慢性病让这些伤病更加严重。在这个水平的竞赛中，这是一个非常大的挑战。我问自己为什么要这样折腾自己。“即使我实现了梦想，意义到底是什么呢？我就算有了名声和财富，又怎么样呢？”我意识到上天给我的天赋只是漫长人生中的一小部分。引用圣经哥林多前书的一句话：“我做的所有事，都是为了神的荣誉。”我有可能会赢得金牌，或者赢不到金牌，但是我能够在这世间尽我所能，做到最好，以不负上天给我的能力。

当我走近奥运会开幕式时，这个梦想成真了。在北京奥运会结束一周年时，我被邀请记录我的经历。我是这样写的：“美国国旗迎空飘扬，大家大气都不敢出。当我们在2008年北京奥运会开幕式时走进鸟巢体育馆时，不知道是谁开始的，但是每个美国人都开始欢呼‘U-S-A! U-S-A! U-S-A! U-S-A! ’六百名运动员、教练和工作人员，他们数年、数十年的坚持和牺牲，他们对肉体与精神的极限挑战化作一声声欢呼，永远在我们耳边回响。”

迈克尔找到了更高层次的意义来帮助他克服追逐奥运会途中的困难。他的信仰和对天赋的尽力运用的渴望是他的驱动力。你的驱动力是什么呢？拥有更高层次的意义能够帮助你更好地表现，因为它激励你尽自己所能。在盐湖城奥运会时，爸爸认识了一个来自匈牙利的连橇运动员。她是一个癌症幸存者，她前往奥运会的驱动力是告诉所有的癌症幸存者，癌症不能够阻挡你追梦的道路。找到一个更高层次的意义，尽自己所能地努力吧！

没有奋斗，就没有胜利。

——威尔玛 · 鲁道夫

1960年田径

蒂姆·希曼参加了2000年和2004年的奥运会比赛。他赢得了全美室内田径联赛五千米的金牌和十二个田径冠军。蒂姆硕士毕业于圣地亚哥大学国际关系学院。现在，蒂姆是加州大学的女子田径教练。

为了梦想，疼痛是值得的

蒂姆·希曼　竞走　美国

2000年悉尼　2004年雅典奥运会

2000年7月，我赢得了全美田径联赛的二十公里竞走金牌。那是我奥运梦想的开端。那场比赛，我设下了新的纪录。对我来说，进入在萨克拉门托举行的选举赛，身边环绕着为我加油打气的人是一个非常难忘的经历。我特别感恩我的父母和我的姐姐对我的支持。

我最大的挑战发生在2000年奥运选举赛的三年前。在1997年8月的时候，我的腹部开始有疼痛感。我不能坐起来，必须要侧着身子才能不会感到疼痛。当时我住在奥运训练中心，每两个星期会有一个医生过来做给我做一些基础的治疗，但没有人能够给我准确的诊断。最后，在总教练文尼·科密斯基的帮助下，我终于弄明白问题在哪里——我需要做手术。

手术过程极其痛苦。在手术后的四个星期内，我无法直起身子。七个星期后我才重新开始锻炼。第一天我只跑了四分钟，每一天都是新的挑战。我身边总是有声音告诉我：这就是我职业生涯的终点，但是我不愿意相信他们的话。手术后我需要很努力才能让生活与训练重回正轨。我每天都回顾我的梦想：在世界舞台上代表美国竞赛。我每一天都专注一个目标。我的身体经历了太多痛苦，但是最终，没有什么能够代替走进开幕式的感受。我走在美国国旗后，身边十万人和无数电视机前的观众观看我们在澳大利亚悉尼市的入场。当我跨越奥运选举赛的终点线，我父母和姐姐婕米脸上的笑容让我难以忘怀。

蒂姆需要从一个艰难的手术中恢复，才能参加奥运会。恢复过程中的每一步都极其疼痛。他对奥运会的渴望驱使他忍受疼痛继续训练，即使所有人都在质疑他。帕顿将军说身体比精神要脆弱。每当你感到不舒服，你的身体就会告诉你要放弃，但是你可以通过训练使自己的精神比身体更加强大。如果你愿意比自己的竞争对手更加努力，你可以像蒂姆·希曼一样达到目标，成为冠军。

卡拉·萨米拉通过现代冬季两项（越野滑雪与射击相结合的雪上运动）参加1998年长野和2002年盐湖城冬季奥运会。她毕业于明尼苏达大学地球科学系。现在，卡拉是一家医疗器械公司的经理。

永不、永不、永不放弃

卡拉·萨米拉　现代冬季两项　美国

1998年长野　2002年盐湖城奥运会

在我为奥运梦努力的过程中，奥运格言在艰难的时刻给了我最大的信念。它是这样写的："在奥林匹克运动会中，最重要的部分不是胜利，而是参与；就像在人生中，最重要的部分是奋斗，而不是登顶。本质是战胜自己，将自己的能力发挥到极致，而不是打败他人。"

当你追逐像加入奥运队那样的目标时，很容易会忘记什么是最重要的部分。奥运格言提醒我们，像体育一样，人生的本质不是我们胜利的瞬间，而是路途中的奋斗。当我在1992年被邀请参加在纽约州普莱西德湖城举办的训练营时，我的奥运梦也开始萌发。我从大学滑雪队转移到了美国冬季两项队伍。在认识了队伍中的其他队员在训练中心居住一段时间并爱上了这个项目后，我的目光转移到了1998年奥运会上。在我离开训练营后的第一天，我就开始全职训练并专注于实现这个梦想。

这并没有听起来那么简单。多年来，我一直在学习如何同时高强度地滑雪和射击。在到达1998年奥运队之前，我需要跨越很多障碍。第一个障碍是我的健康。我一直都在和慢性呼吸道感染做斗争，最严重的时候我需要休息数个星期才能重新开始训练。1995年，医生说我需要放弃很多我有可能过敏的食物，保持一种特殊的节食方式。我花了两年才让身体恢复正常，并重新开始高强度训练。下一个障碍是严重的外胫骨发炎，也就是小腿外侧的疼痛。在夏季训练的时候，我几个月都不能够跑步、射击。不幸的是，跑步和射击是冬季两项运动员最需要的两个运动。直到外面开始下雪，我才能够开始跑步。所以，我把专注点移到滑轮和其他训练方式上，在体能和精神方面都保持最佳状态。我需要跨越的最后一个障碍是我的射击水平。我需要把射击准确率大大提高才能有机会加入奥运队伍。我开始进行很多脑海里的训练，并用音乐在我射击之前帮助我放松。通过这两个方式，我射击的练习时间多了很多。

所有艰苦训练和对细节的执着都在第一场奥运选拔赛中带来收获。二十个靶子中，我射中了十八个。这让我拿到第一名，远远领先其他人。我需要做的就是再赢两次以能到达奥运队。最终，我成为奥运队的一员。我对第一场比赛的准备和专注为我赢来1998年长野奥运会的一个位置，让我梦想成真。

达到奥运会是我人生中最大的成就。在日本，走进开幕式，和全世界分享我的激情……这是难以相信的感受。我想到了一路上所有帮助我、鼓励我的人。这让我回想到了奥运格言：虽然到达奥运会是人生中的一个亮点，但是每天的努力和对障碍的克服，才是这段旅程的本质。

很多人在追梦之路还没有开始之前就决定放弃。他们只关注障碍，而不是如何克服障碍。卡拉的呼吸道感染和胫骨炎症让她的夏季训练成为障碍；她的射击水平也低于平均水准。但是，她直面自己的弱点。在两年中，她通过改变自己的饮食习惯增强了免疫力；她通过滑轮在养伤过程中保持体力；她锻炼自己的心理素质提高射击水平。卡拉的驱动力是参加奥运竞赛，而不是赢得比赛。这对爸爸来说也是一样。他的驱动力和奖牌无关，而是在奥运会竞赛并参与到这个特殊的环境中。

唐纳德·萨克斯科出生于阿尔巴尼亚。他是一名职业排球运动员，代表美国参加了2004年雅典和2012年伦敦奥运会。萨克斯科和他的家人在1996年搬到美国，他在麻省居住了一段时间，同时申请大学。他被南加州大学录取，并在此大学获得工学学士学位。

专注于你可以控制的

唐纳德·萨克斯科　排球　美国

2004年雅典　2012 年伦敦奥运会

我从来没有参加奥运会的梦想，因为我认为这完全不可能。我出生成长于阿尔巴尼亚，在政府的统治下，我们的思想、举止、教育和工作都被控制。我没有说话和思考的自由。我在十八岁那年来到美国，进入南加州大学，并打了四年的排球。当我的职业生涯开始时，我在2000年被邀请参加美国国家队选拔赛。从那个时刻开始，我梦想加入国家队。2003年，奥运会的前一年，我开始梦想并希望参加奥运会；这个梦想在2004年成真。

在排球队，需要四年的训练和准备，才有一次达标的机会。不幸的是，我在第一年没有达标队伍。这完全是我自己的错。因为我自私地想参加每一场比赛，却没有重视团队协作精神和自我提升。在第二年的时候，我得到了另一个机会并每天都专注于提升自己，在场上场下都做最好的队友。我意识到如果我更努力，给队友更多打球的机会，结果会更加好。我学会接受批评，接受恐惧和接受状态不好的日子。我每天早上醒来后都专注于成为比昨天更好的运动员。我学会专注于自己能够控制的因素：我的位置，我的技巧，我的态度和我的努力程度。其他的一切我把100%的信任都交给教练、队友和系统。

在奥运会中，我流泪、跳跃、奔跑，像个小孩子似的。我现在还是不能相信自己参加了奥运会。这是全世界最棒的感觉，因为我努力了四年。我克服了伤痛，改变了自己生活和思考方式（无论是场上还是场下）。我变得更加有责任感并把所有的精力都放在了参加奥运会上。人家说努力是值得的，我100%地同意。

由于不够重视团队协作精神，唐纳德没有达标国家队。为了改变，他决定成为一个善于合作的运动员。他专注于自己能够控制的因素，致力于每天都进步。唐纳德改变了自己，你也可以这样做。因为你能够改变，你也可以让自己的梦想成真。你可以变得更好，更强壮，更有智慧。很快地，你就会发现梦想触手可及。

艾米莉·库克是美国花样滑雪运动员。她竞赛于2006托里诺和2010温哥华冬季奥运会，是五次全美联赛冠军。艾米莉毕业于犹他大学通讯学院。现在她是滑雪杂志的专栏作家。

快速反弹

艾米莉·库克　花样滑雪　美国

2006年托里诺　2010年温哥华奥运会

在我十三岁时，我第一次决定要成为一名奥运选手。我那时候刚刚开始学习高空花样滑雪。那是我最喜欢的两个运动的完美结合：体操和滑雪。我全身心地投入进了高空反转的刺激感觉中。1992年的夏天，一个教练问我的目标是什么，而我完全没有思考过这个问题。我和爸爸坐下来讨论我到底想要什么。我意识到，十年之后的2002年，是我参加奥运会的最好时机。所以，我把这个目标写下来并在接下来的十年勤勉、坚苦地训练。

十年后，2002年的元旦，我终于实现了这个梦想。美国国家滑雪队在犹他州举办选拔赛。选拔赛举办的地点就是那年盐湖城奥运会的场地。在我的家乡帕克城和我最喜爱的滑雪度假村“鹿谷”，我在前一年刚刚得到了第一个全美联赛冠军奖座。

那天晚上我赢得了选举赛并确保了在2002年美国奥运队的位置。我的内心充满了欢喜——我最大的梦想刚刚成真！我迫不及待地想要参加奥运会！令人伤感的是，这没有发生。三个星期后，在纽约州普莱西德湖城训练时由于对对于一个跳跃距离的错误判断，我摔在了山坡上并两脚骨折。我没能参加奥运会，而是坐在轮椅上观看。

盐湖城奥运会的开幕式中，轮椅上的我含着眼泪意识到，无论代价是什么，我都要参加下一届奥运会。一年的康复后，我重返赛场。参加下一届的奥运选拔赛，我大幅度地领先我的竞争对手，并再次确定自己将会在2006年托里诺奥运会中占有一席之地。

走进托里诺奥运会的开幕式，身边站着一群在我伤病、康复过程中一直支持我的队友——那是我人生中最棒的一天。因为克服了那么多困难，我的奥运经历更加独特，那是我最美好的回忆之一。

想象一下：十年训练，以第一名达标，有机会在自己的家乡参加奥运会，却在开幕式三个星期之前摔断双脚。这就是艾米莉的经历。像一个真正的赢家，她从这个挑战中吸取力量和信念并重新站了起来。当生活把你打倒时，快速反弹并重新再战。

玛格丽特·郝泽尔是美国国家游泳队中的一员。她是一名奥运奖牌获得者和前世界纪录保持者。郝泽尔在2004年希腊雅典和2008年中国北京奥运会中竞赛。现在，玛格丽特是一名职业演讲家和国家儿童保护团体的发言人。

给自己成长的时间

玛格丽特·郝泽尔　游泳　美国

2004年雅典　2008年北京奥运会

我第一次想参加奥运会是九岁时在电视上看到其他人比赛后。在那时候我不知道奥运会究竟是什么，也不知道怎么样才能参加。我从五岁就开始在夏天的时候游泳，八岁开始全年训练。在我长大一点后，我定下其他更加现实的目标，但参加奥运会一直都是长期的目标。

虽然我的跳水成绩不错，但身高是一个最大的挑战，十四岁到十八岁，我经历了四年的瓶颈。在这段时间内我的速度一点都没有提高。因为这个，我在申请大学的时候以十四岁的成绩来申请体育生。幸运的是，有一位教练在我年轻的时候看过我游泳，他相信我还有潜力可以激发。

我在奥本大学继续游泳训练，那几年我取得成功，在2004年第一次达标了奥运队伍。但是，我在2003年到2007年又碰上了一个持续三年半的瓶颈。虽然我达标2004年奥运会，但是无论在奥运赛场还是那几年的其他国际赛事上，我的表现都不是很好。终于，在2007年世界锦标赛中，我突破了这个瓶颈并保持动势，以优异的成绩完成了2008年奥运会。

“梦想成真”对我来说有很多意义。我在2008年北京奥运会非常开心地完成了比赛，达到了目标。但是，我对于自己达到目标所付出的努力也非常自豪。我被问到有没有想过放弃，这个问题的答案是肯定的。我想过很多次放弃，但是我没有。我坚持相信并把梦想变成事实，这是我非常自豪的一点。

如果你相信并为此努力，你一定可以达到自己的目标。对自己诚实也是非常重要的一点，因为很多人不愿意承认他们并没有全身心地投入。我学会的另外一件事是，每一天都要做到最好的自己。我在北京奥运会的成绩比选拔赛要慢稍逊色一些，但是我也非常骄傲，因为那是我当天最好的表现。另外一件非常重要的事情是要玩得开心。我在北京的时光非常快乐，这也在我的成绩中表现了出来。

玛格丽特经过两段长期的瓶颈。虽然在那段时间她没有进步，但她还是保持希望，继续训练并突破了瓶颈期。很多人不明白瓶颈对于运动员来说是多么可怕。这是对你信念的终极挑战。想象一下，你打算减肥减十五斤。你在前六个星期减了十斤，但是最后的五斤怎么样都掉不下去。你怎么办呢？你是放弃，胡吃海喝然后把那十斤重新长回来，还是专注于计划并保持希望呢？如果你得不到你想要的结果，不要放弃。尝试新的方式，你一定会突破你的瓶颈。

鲁本·冈萨雷斯是我的爸爸。他在无舵雪橇比赛中为阿根廷队效力。爸爸是唯一一个在不同的十年中，参加四届冬季奥运会的人。参加2010年温哥华奥运会的时候，他四十七岁。爸爸毕业于休斯敦浸会大学，拥有两个理学学士学位。同时，他是一名畅销书作家和职业演讲家。

拥有成功的勇气

鲁本·冈萨雷斯　无舵雪橇　阿根廷

1988年卡尔加里　1992年阿尔贝维尔　2002年盐湖城

2010温哥华奥运会

我十岁那年，在电视上观看1972年北海道冬季奥运会，当时我就决定未来要成为一名奥运选手。我被这些运动员深深地吸引。而吸引我的地方，并不是他们在各个项目的表现，而是他们的精神。奥运选手是一群在没有任何保障的情况下为自己梦想奋斗多年的人。从那天起，我阅读能找到的所有关于奥运会的资料。我可以告诉你所有关于奥运会的知识，但是因为我体育成绩不好，所以害怕开始行动。

几年过去了。如果电视上在播放奥运会，我一定会看。1980年，当美国奇迹队在普莱西德湖城冬奥会打败俄罗斯队，我的梦想被重新点燃了起来，但是恐惧还是束缚着我的行动。最后，在1984年，我看到斯考特·汉密尔顿在花样滑冰项目获得金牌时，我对自己说："如果这个矮小的家伙能做到，那我也可以。我会在下一个奥运会中取胜，现在我只需要找到适合我的项目。"观看斯考特·汉密尔顿的表演让我激情澎湃，我终于准备开始行动，那年我二十一岁。

我没有时间可以浪费。下一届奥运会在四年之后，为了要找到适合我的项目，我开始去图书馆做研究。当阅读夏季奥运会的项目清单时，我心想："你要成为超级运动员才能做这些事情。这是不可能的。"然后我拿起了冬季奥运会的项目清单。我意识到最重要的一点是找到凸显我优势的项目。我的优势不是运动能力和爆发力，而是耐力。说实话，我在高中的外号是"斗牛犬"。所以我心想："我需要找到一个非常艰难的，一个很容易就会受伤的项目，这样就会有很多人放弃。但是我不会放弃，我无论如何都会一直走到巅峰。”

最后，我整理出了三个项目：跳台滑雪，连橇和无舵雪橇。我住在得克萨斯州休斯敦市。那里的天气潮湿而炎热。我从来都没有滑过雪，就更加别说跳台滑雪了。连橇呢？我如何在休斯敦找到三个人跟我一起滑连橇？那就只剩下无舵雪橇了。我从来没有在电视上观看过无舵雪橇。如果我观看过，那么我应该不会那么快下定决心。这简直是疯子才能做出来的事情。我手上拿着一张照片——一个人仰面躺在雪橇里面。我对自己说：“这就是我的项目了。”

我连无舵雪橇轨道在哪里都不知道。于是我写信给体育杂志问他们：“去哪里学习无舵雪橇啊？”我收到回信，上面告诉我普莱西德湖城有场地。我给普莱西德湖城的无舵雪橇协会打电话并报了初级班。在观看斯考特·汉密尔顿比赛的短短几个月后，我来到了普莱西德湖城，开始学习一个全新的运动。

初级班一共有十六个人，那是一个残酷的经历，也是我做过的最困难的事情。每过去一天，班级里就会少几个人。最后，只剩下我在上课。在最开始的两年中，我滑五次会摔四次。但是我继续往前走。过了一段时间，我滑五次只会摔一次。然后滑十次摔一次。在两年的最后，我滑一百次才会摔一次。我终于学会了如何驾驭这疯狂的雪橇。

在最初的几年中，我两次摔断了脚，膝盖、胳膊肘、手、拇指，以及几根肋骨也经历过不同程度的骨折。我的态度是，骨折只是暂时的麻烦，因为骨头会自我修复。在第三个赛季，我开始参加国际的竞赛，为达标卡尔加里奥运会而努力。在第四年，我达到了目标。我勉强地参加了四次奥运会——每隔十年参加一次。我对我的听众说：这不代表我水平高，只能说明我老了！

走进奥运开幕式是我体育生涯中最难忘的时刻。说实话，你不是走进去的，而是漂进去的。在两周后，你还会傻笑着走来走去。那是天堂般的感觉。确实是。在奥运会比赛的经历让每个牺牲都值得。开着破车跑来跑去是值得的；把每张信用卡都刷爆，并欠下一身债是值得的；多年来在寒冬中艰苦训练是值得的。

经历了这些挣扎的我是一个更好的我。我更加强大，更加有自信，我拥有了能够帮助我余生的经历。

像我这样的人参加奥运会的概率是什么呢？百万之一吗？千万之一吗？说实话，我赢彩票的概率可能还更大！

我只是一个有着梦想的普通人。我之所以可以实现梦想，只是因为没有放弃而已。就像那支年轻、好斗的美国冰球队打败战无不胜的俄罗斯队那样。就像坚强、不屈的斯考特·汉密尔顿那样。他们相信自己，没有放弃，而我和他们一样。

这也是你能够做的事情。如果你开始相信自己，那么梦想成真的唯一不同就是时间。你只需要时间来创造一个更好的生活。

成功是一个选择，而这个选择是你做出来的。做下决定，直面自己的恐惧并开始前行吧。做下决定，停止生存并开始生活吧。

因为，如果我这个小人物都能走到奥运会，你就可以做任何事情。

你的梦想是什么？如果你把一生奉献于一个梦想，追逐一个梦想，你会把人生塑为你的杰作。你会拥有丰盛的生活并成为其他人的灵感。

每个人的心里都有一把火。找到并点燃它，是我们一生中的梦想。

——玛丽 · 卢.雷顿

1984年体操

后 记

阅读那么多故事后，我希望你意识到奥运选手其实没什么特别之外。他们只是一群心怀梦想，愿意付出努力，并付出了很多努力才能实现梦想的普通人。

他们只是时时刻刻并持久稳固地跟随成功法则。他们相信自己的梦想，他们提前准备，他们全身心投入，他们持续行动，他们在困难的时候坚持不懈。

帮自己一个忙：不要光阅读这些法则，切实地运用它们。知识不是力量，能够被运用起来的知识才是力量。

这本书证明了这些法则对所有人都适用。如果你相信自己，你就会得到你想要的一切。你若永不放弃，实现梦想也只是时间问题；在开始创造更好的生活之前，也只需要一段时间。

成功是一个选择，这个选择属于你。做出你开始面对恐惧和奋不顾身去为梦想努力的决定。做出走出站台进入竞技场的决定。做出停止生存，开始生活的决定。你会达标属于自己的“奥运会”。你会成为一个传奇。

为自己的梦想奋斗吧!

鲁本·冈萨雷斯